S. FISCHER

Martin Seel

Nichtrechthabenwollen

Gedankenspiele

S. FISCHER

Erschienen bei S. FISCHER

Satz: Pinkuin Satz und Datentechnik, Berlin
Druck und Bindung: CPI books GmbH, Leck
Printed in Germany
ISBN 978-3-10-397223-8

Inhalt

Ein Vorsatz 7

Einige Vorworte 9

Meditationen über ein Wortungetüm 17

Querfeldein 48

Abschiedsvorlesung 127

Ein Vorsatz

Ich möchte nicht länger recht haben wollen, jedenfalls nicht mit dem, was ich schreibe.

Das ist der Vorsatz, aus dem dieses Buch hervorgegangen ist. Ungewöhnlich ist dieser Vorsatz nicht. Viele Schriftsteller haben ihn seit jeher gehabt. In der Philosophie jedoch, könnte man meinen, bleibt den Schreibenden diese Möglichkeit verwehrt; sie sind darauf aus, recht zu bekommen, auch wenn es dazu nur selten kommt.

Aber das ist nur die halbe Wahrheit. Um zu sehen, wie es damit steht, empfiehlt es sich, die ausgeschilderten Routen zu verlassen und sich auf Abwege zu begeben, wie sie sich überall in der Landschaft der Philosophie auftun. Auf dieser frivolen Fahrt werden sich ständig wechselnde Ansichten und Aussichten ergeben, die in keine Übersicht münden. Gedankenspiele sind die Form des Denkens, bei der es nicht um den Durchblick geht.

Wie das geht und ob es überhaupt geht, davon handeln die Teile dieses Buchs. »Handeln« freilich ist übertrieben, aber mit Übertreibungen müssen Sie auf den folgenden Seiten ohnehin rechnen. Eine Handlung hat dieses Buch nicht: Es ist die Handlung, die in ein offenes Gelände des Denkens und Schreibens führt. Es besteht aus lauter Anläufen zu der Art von Text, den Sie in Händen halten. Weiter geschieht hier nichts. Aber wie immer, wenn weiter nichts geschieht, passiert allerlei, was so nicht zu erwarten war.

Sie merken schon:
Hier wird Ihnen nicht geholfen.
Hier wird Ihnen nichts versprochen.
Hier wird Ihnen keine Lehre angeboten.
Hier wird Ihnen nicht gesagt, wie Sie leben sollen.
Hier wird Ihnen nicht der Sinn des Seins vermittelt.
Hier wird Ihnen nicht gezeigt, wo alles seinen Grund hat.
Hier wird Ihnen nicht erklärt, was Sie immer schon wussten.
Hier wird ein Spiel gespielt, von dem nicht einmal sein Erfinder weiß, welchen Regeln es folgt.

Einige Vorworte

Nachdem ich schon ein paar meiner Karten auf den Tisch gelegt habe, folgt jetzt eine kleine Serie von Vorworten, mit denen dieses Buch sich auf seine Tonlagen einstimmt. Es steht ja nirgends geschrieben, dass ein Vorwort keine anderen neben sich haben dürfte. Weder Jean Paul noch Friedrich Nietzsche haben sich an dieses vermeintliche Gebot gehalten. Es steht auch nirgends geschrieben, dass die Vorworte eines Buchs mit einer Stimme sprechen müssen, sowenig es ausgemacht ist, dass ein Buch nur mit einer Stimme sprechen darf.

Vielleicht bestehen die Teile dieses Buchs ohnehin nur aus Vorworten zu Texten, die hier gar nicht stehen. Wäre das so, wären die folgenden Vorworte nichts weiter als Vorworte zu Vorworten, die in ein Spiegelkabinett führen, aus dem kein Ausweg vorgesehen ist. »Einige meiner ungeschriebenen Bücher« war einer der vielen Titel, die ich verworfen habe, aber das Verworfene – und selbst das Verwerfliche – nicht völlig aufzugeben, gehört zu den Reflexen, die ich nicht verloren geben will.

»Lauter erste Sätze« war auch eine Überschrift, bei der es nicht geblieben ist. »Verbot der letzten Sätze« wäre ebenfalls ein Kandidat gewesen, der es in die Endauswahl hätte schaffen können. Das Letzte ist das Allerletzte. Nicht das letzte Wort zu haben, nicht einmal so zu tun, als ob es darum ginge – darum geht es.

Ich werde in diesem Buch dreimal dasselbe tun. Ich werde Gedankenspiele spielen, die erkunden und vorführen, wie Gedankenspiele gehen, aber jedes Mal anders, wie es die Art solcher Spiele ist. (Wir werden uns auf dem schmalen Grat zwischen Philosophie und Literatur bewegen, Abstürze inbegriffen.)

»Aber Jakob ist immer quer über die Gleise gegangen.« Das ist der erste, allein stehende Satz in Uwe Johnsons *Mutmassungen über Jakob*, der am Ende des Romans, als die Todesursachen seines Helden vollends undurchsichtig geworden sind, mehrmals variiert wird. Fernando Pessoa, von dem heute jedes der betagteren Cafés im Zentrum Lissabons behauptet, er habe sich vor allem in seinem Halblicht zu Tode gesoffen, hat das Œuvre nicht einer, sondern einer Vielzahl von Dichterpersonen geschaffen, unter ihnen die kontemplative des Alberto Caeiro, die futuristische des Álvaro de Campos, die klassizistische des Ricardo Reis. Johnsons Jakob und Pessoas *personae* sind nicht die schlechtesten Leitfiguren eines Denkens, das es darauf anlegt, vom geraden Weg abzukommen.

Eine ermutigendere Geschichte erzählt William Carlos Williams im Vorwort seiner Autobiografie. Der Schreibtisch in seiner Arztpraxis war mit einer kleinen Hebebühne ausgestattet, mit der sich seine Schreibmaschine je nach Bedarf hervorzaubern oder in der Versenkung verschwinden ließ. »If the patient came in at the door while I was in the middle of a sentence, bang would go the machine – I was a physician. When the patient left, up would come the machine« – und er war wieder Dichter. Ich bin zwar nicht Landarzt, sondern Philosoph, aber mein Schreibzeug steht dem seinen in nichts nach. (Die beiden Berufe unterscheiden sich nur wenig: Der Arzt kuriert die Menschen von ihren Krankheiten, der Philosoph von ihrer Unberatenheit, so die offizielle Tätigkeitsbeschreibung; der eine lässt seine Patienten mit ihren Pathologien, der andere mit ihren Widersprüchen auskommen, so der inoffizielle Befund.) Schreibgeräte, die sich mühelos hervorzaubern und wieder verstauen lassen, haben heute alle dabei, die mit einem Laptop unterwegs sind. Man braucht das Gerät nur aufzuklappen, und schon ist der Halbsatz des Tages geschrieben. Das »bang« des mechanischen Zeitalters ist freilich verloren gegangen. Der Lärm der maschinellen Textherstellung hallt nur noch in der Erinnerung an Stanley Kubricks Horrorfilm *Shining* wider, in dem ein verrückt gewordener Schriftsteller zigtausend Mal einen einzigen Satz in die Tasten hämmert: »All work and no play makes Jack a dull boy.«

Quer über die Gleise kann man auf viele Weisen gehen. In der Literaturtheorie war eine Weile vom »offenen Kunstwerk« oder von »offenen Gedichten« die Rede. Man dachte an Textsorten und andere Kunstarten, die ihre Partien eher lose miteinander verbinden und dabei die etablierten Gattungsgrenzen kreuzen. Warum sollte es nicht auch eine offene Philosophie geben, die ihre Form darin findet, mit den Formen dieses Metiers zu spielen? Schließlich ist Philosophieren eine Kunstart, die weniger als jede andere auf ein bestimmtes Genre festgelegt ist. Hier wie in den anderen Künsten sind Verdichtung und Entzerrung zwei Triebkräfte ein und desselben Prozesses.

Etwas absichtsvoll Unfertiges zu machen, oder stehen zu lassen, oder geschehen zu lassen, oder es so aussehen zu lassen, ist eine Kunst in aller Kunst, selbst in denjenigen ihrer Spielarten, die nicht mit ihrer Unvollkommenheit prunken. Vollkommenheit ist für Anfänger. »Play what you can't play«, soll Miles Davis zu seinen Musikern gesagt haben.

(Die Konjunktion »oder« wird in diesem Buch eine gewisse Rolle spielen; ob und wann sie einschließend oder ausschließend gebraucht wird, das zu entscheiden, bleibt Ihnen überlassen.)

Man kann auf zweierlei Weise philosophieren: so, dass man versucht, mit seinen Sätzen ein möglichst weitläufiges Gebäude zu errichten, in dem vieles seinen rechten Ort findet, oder so, dass man Landschaften skizziert, in denen alles auch anders sein könnte. Auf die eine Art bauen die Schreibenden aus ihren Sätzen ein mehr oder weniger geschlossenes System. Auf die andere Art lassen sie ihre Sätze und Zeilen auf freiem Feld stehen. Die einen arbeiten architektonisch, die anderen skulptural. Das eine Verfahren führt in die Hierarchie, das andere in die Anarchie, aber jedes enthält den Keim des anderen. Ludwig Wittgenstein hat aus den Sätzen seines *Tractatus logico-philosophicus* ein System errichtet, das zugleich die Parodie eines solchen ist. In den *Philosophischen Untersuchungen* hat er aus unzähligen Skizzen ein »Album« zusammengestellt, in dem manche Späteren Baupläne für ihre Theorien gefunden haben.

Es wäre ganz verkehrt, das systematische und das vagabundierende Denken gegeneinander auszuspielen. In der Sozietät der Philosophie genießen beide das volle Bürgerrecht. Es steht ihnen zu, voneinander Abstand zu halten, miteinander zu paktieren oder sich wechselseitig in die Parade zu fahren. Anything goes. In einer Atmosphäre zivilen Ungehorsams gedeihen die Ökonomien des Denkens am besten. Im Einklang mit dieser Lehre bestreitet dieses Buch niemandem das Recht, recht haben zu wollen. (Auch sein Autor wird es dann und wann in Anspruch nehmen.) Es stellt ihm nur das ebenbürtige Grundrecht, nicht recht haben zu wollen, zur Seite: die Erlaubnis zum privaten oder öffentlichen Gebrauch einer ungezügelten Gedankenfreiheit.

Philosophische Texte haben ihre eigene Musik. Einige gleichen Symphonien, andere einem Arrangement von Bagatellstücken, wieder andere breiten sich wie Flächenkompositionen aus oder bewegen sich nach Art der *patterns* und *loops* einer Minimal Music. Wer will, kann Rhythmen der einen Spielart in denen der anderen aufspüren. Von John Coltranes ausgedehnten Improvisationen *A Love Supreme* und *Ascension* zu der Aphoristik seiner späten *Stellar Regions* sind es zwar große, aber keine *Giant Steps.*

Es gibt auftrumpfende Aphorismen (Typus Karl Kraus) und abtrumpfende (Typus Friedrich Schlegel). Die einen stoßen ihre Leser mit *overstatements* vor den Kopf, die anderen ziehen ihnen mit *understatements* den Boden unter den Füßen weg. Mein Temperament verlangt nach jenen, mein Geschmack zieht diese vor. Willkommen in der Schizophrenie.

Den eigenen Widerspruch bejahen zu können, ist der Witz allen Humors – nicht nur im alltäglichen Lebenswandel, sondern auch auf den Bühnen des Denkens. Die wenigsten seiner Theoretiker jedoch haben damit ernst gemacht. »Wahrhaft philosophieren heißt der Philosophie spotten«, sagt Blaise Pascal. Die Philosophen haben diese Zeile nur verschieden interpretiert, aber es kommt darauf an, sie beim Wort zu nehmen.

Anderen ins Wort zu fallen ist meist eine Untugend, gelegentlich aber auch eine Tugend. Sich selbst ins Wort zu fallen dagegen ist oft eine Tugend. Auch sie aber kann, wie jede Tugend, zu einem Laster werden. Zu einem Laster wird sie, wenn Sprechende oder Schreibende, sei es vor lauter Skrupeln, sei es vor lauter Einfällen, das *timing* ihrer Darbietung vermasseln. Da hilft es nur, den Skrupeln mit Einfällen und den Einfällen mit Skrupeln Einhalt zu gebieten.

Gedankenspiele sind keine Wortspiele und auch nicht bloß Scherz, Satire, Ironie oder schiere Albernheit, so sehr das alles erlaubt ist. Denn es sind Gedanken, die ins Spiel gebracht und in ihm gehalten werden sollen. Gedanken, soweit sie eine sprachliche Form haben, lassen sich auf ihre Wahrheit oder Falschheit hin befragen. Zu ihrem Wahrheitswert aber kann man sich unterschiedlich verhalten. Man kann auf ihm beharren, man kann an ihm zweifeln oder an seiner Unentscheidbarkeit verzweifeln. So verhalten sich alle, die nach dem Besitz der Wahrheit streben. So verhalten wir uns alle, soweit wir nach dem Besitz der Wahrheit streben. Doch der Besitz der Wahrheit ist nicht alles, worauf es im Denken ankommt. Wir können uns auch einem freien Spiel unserer Gedanken hingeben. Als Einsatz gilt dann jeder Satz, der attraktiv genug ist, um das Denken zu weiteren Einsätzen zu animieren. Solange die Kugel rollt, bleibt die Wahrheitsfrage eingeklammert. Abgerechnet wird hinterher. Unveräußerliche Wahrheiten sind ein Abfallprodukt der Verschwendung geistiger Ressourcen.

Gedankenspiele sind keine Gedankenexperimente. Diese dienen der Verdeutlichung, Überprüfung oder Entfaltung eines Arguments, jene dienen zu gar nichts.

Wer das Denken zu ernst nimmt, nimmt es nicht ernst genug. »Denken wir, weil es sich bewährt hat, zu denken?«, fragt Wittgenstein einmal. Wenn man sich die Geschichte der Menschheit anschaut, sind daran erhebliche Zweifel erlaubt. Nein, wir denken, weil wir nicht anders können, als im Denken immer auch anders zu können.

Spiele können immer wieder von neuem beginnen. Ein nicht endendes wäre keins. Der Sinn gleich welcher Spiele liegt weniger in ihrem Ausgang als in ihrem Anfang. Auch bei Wettkampfspielen ist das so; das Vergnügen an ihnen lebt von ihrem ungewissen Ausgang. Bei der Lust am Denken verhält es sich kaum anders, jedoch mit einem Unterschied: Gedankenspiele kann man nicht gewinnen.

Wenn man älter wird, genau genommen ist das ja immer der Fall, wird es Zeit, mit dem Aufhören aufzuhören und mit dem Anfangen anzufangen. Um aber von vorn zu beginnen, muss man zurückgehen können. (Das Mensch-ärgere-dich-nicht-Prinzip, auch als Mythos des Sisyphos bekannt.) Nur wer sich wiederholen kann, bleibt nicht in Wiederholungen stecken. Nur wer auf etwas zurückgreifen kann, kann mit sich etwas anfangen. Nur wer auf sich zurückgreifen kann, kann über sich hinaus gelangen. Etwas mit sich und also etwas mit etwas und mit anderen anfangen zu können – das ist schon ein Anfang und beinahe das A und O von allem, was zählt.

Also noch einmal – und immer wieder – von vorn.

Meditationen über ein Wortungetüm

1
Ich möchte nicht länger recht haben wollen.

Soll er doch sehen, wie weit er damit kommt, werden Sie sagen. Recht so. Eben darum geht es: zu verfolgen, wie weit man es mit dem Nichtrechthabenwollen treiben kann.

Dieses Wortungetüm lasse ich die vielköpfige Hydra des Rechthabenwollens zu einem *danse macabre* auffordern. Schauen wir zu, wie sich mein kleines Begriffsmonster bei diesem Tanz aus der Affäre zieht.

2
»Have you ever considered any real freedoms? Freedoms from the opinions of others? Even the opinions of yourself?« Diese Frage richtet Colonel Kurtz (Marlon Brando) am Ende von Francis Ford Coppolas Film *Apocalypse Now* an sein Gegenüber, Captain Willard (Martin Sheen). Dieser hat, wie Kurtz weiß, den geheimen Auftrag, ihn, den abtrünnigen Elitesoldaten, zu liquidieren. Kurtz hält Willard in seinem mörderischen Privatreich jenseits der vietnamesischen Grenze gefangen, wird es aber bald darauf zulassen, dass dieser zu seinem Schlächter wird.

Radikaler noch als die Figur des Bartleby in Herman Melvilles gleichnamiger Erzählung träumt Kurtz davon, den Zwang nicht nur zu eigenen Entscheidungen, sondern auch zu eigenen Überzeugungen loszuwerden. Sich von den eigenen Überzeugungen zu befreien, so etwas kann sich nur ein Verrückter wünschen. Colonel Kurtz *ist* wahnsinnig, was sich allein daran zeigt, dass ihn die Frage, ob er an höherer Stelle dafür gehalten wird, mehr als jede andere beschäftigt. Eine Freiheit von den Meinungen anderer jedenfalls hat er noch nicht erlangt. Mit den schleppenden Worten eines lebensmüde gewordenen Potentaten erkundigt er sich bei Willard nach den Gründen für dessen Mission.

Kurtz: Did they say why, Willard? Why they wanted to terminate my command?
Willard: I was sent on a classified mission, Sir.
Kurtz: It's no longer classified, is it? – What did they tell you?
Willard: They told me that you had gone totally insane and that your methods were unsound.
Kurtz: Are my methods unsound?
Willard: I don't see any method at all, Sir.

»Ist dies schon Tollheit, so hat es doch Methode«: Willard verweigert seinem Peiniger das Kompliment, das Polonius in Shakespeares Drama dem Geisteszustand Hamlets macht.

Mag das, was ich hier treibe, auch Tollheit sein, einer Methode folgt es nicht. Vielleicht ist es das, was mich bei Sinnen bleiben lässt.

3

Ich möchte nicht länger recht haben wollen.

Das geht erst einmal gar nicht. Denn schon um diesen einfachen Vorsatz niederzuschreiben, muss ich annehmen, mit einigem recht zu haben. Ich kann die sieben Worte dieses Satzes nicht verwenden, ohne zu glauben, dass sie die Bedeutung haben, die ihnen in dieser Zusammenstellung zukommt. Der Umgang mit diesen und zahllosen anderen Worten verlangt vielerlei Kenntnisse – Kenntnisse nicht bloß der Sprache, sondern der Wirklichkeiten, von denen sie spricht. Auch ein so beredter Irrer wie Kurtz muss darauf vertrauen, dass er sich im Gebrauch seiner Worte nicht durchgängig irrt.

Personen haben Überzeugungen, an die sie sich halten müssen, solange sie diese für wahr halten. Ihre Fähigkeit zu denken und zu handeln hängt von einem erheblichen Zutrauen in das eigene Rechthaben oder doch Rechthabenkönnen ab. Zwar müssen – und sollten – wir nicht glauben, überall recht zu haben, denn das wäre nur eine andere Art der Verrücktheit. Aber niemand, kein denkendes Wesen, kann auf ganzer Linie nicht recht haben wollen – es sei denn um den Preis der Selbstaufgabe.

4

»And I may be wrong but I won't be wrong all way
And I may be wrong but I won't be wrong all way.«
So beginnt der Text des von Count Basie und Jimmy Rushing komponierten Songs *Boogie Woogie (I May Be Wrong)*, ein musikalischer Abschiedsbrief eines Mannes an sein »baby«, dem Rushing seine brüchige Stimme leiht.

In einer ähnlichen Lage aber sind wir jederzeit alle, ganz gleich, was gerade unsere dringendsten Sorgen sein mögen. Wir sind es einfach dadurch, dass wir mit den Überzeugungen durchs Leben gehen, die nun einmal die unseren sind.

Wir könnten nicht irren, wenn wir nicht auch recht hätten. Wir könnten nicht falsch liegen, wenn wir nicht auch richtig lägen. Wir könnten nicht zweifeln, wenn wir uns nicht in vielem sicher wären. Wir könnten uns selbst nicht verstehen, wenn nicht viele unserer Überzeugungen wahr wären. Wir könnten die anderen nicht verstehen, wenn wir ihnen nicht in vielem recht geben würden. Wir könnten uns selbst und einander nicht missverstehen, wenn wir nicht glaubten, uns einen Reim auf ihre Ansichten und Absichten machen zu können. Wir könnten nicht miteinander streiten, wenn wir nicht wüssten, worüber wir streiten. Wir könnten miteinander nicht darüber streiten, worüber wir uns eigentlich streiten, wenn wir nicht sicher sein könnten, bei aller Uneinigkeit wenigstens eine gemeinsame Sprache zu sprechen.

Dass wir uns überhaupt verstehen, wenn auch nicht immer, nicht immer gut und nie überall – das allein zeigt schon, dass viele unserer Überzeugungen wahr sind. Wären sie es nicht, könnten wir gar nicht wissen, wovon die Rede ist, selbst dann, wenn wir anderer Meinung sind.

5

Mit alldem möchte ich auch noch recht haben – womit es so aussieht, als hätte ich mein Vorhaben schon nach wenigen Seiten gegen die Wand gefahren. Denn ich bin mit meinem Versuch in keiner besseren Lage als irgendjemand anderes. Ich kann mich dem Verlangen, recht zu haben, nicht dauerhaft entziehen, weil solche wie wir es nicht können.

Der Anspruch auf Wahrheit ist ein unentbehrliches Gelenk unserer Art zu leben. Wir müssen annehmen, dass viele unserer Überzeugungen wahr sind, andernfalls kämen wir nirgends zurecht. Wir könnten keine Absichten haben, wenn wir diese nicht wahr machen wollten. Wir könnten uns nichts wünschen, würden wir nicht hoffen, dass unsere Wünsche wahr werden. Wir könnten nichts versprechen, würden wir nicht wissen, was es heißt, das Versprochene wahr werden zu lassen. Wir könnten nicht heucheln, lügen und betrügen, wenn wir nicht zu wissen glaubten, wie es wirklich um die fraglichen Dinge steht.

6

Jedoch ist der Wahrheitsbezug, der uns im Denken und Handeln begleitet, nicht gleichbedeutend mit einer Jagd nach Wahrheitsbesitz. Die Wahrheit unserer eigenen Meinungen ist kein Eigentum, auf das wir einen verbrieften Rechtsanspruch hätten. Die Wahrheitsorientierung, ohne die wir uns nicht orientieren können, verkommt, sobald wir uns auf unser Rechthaben versteifen. Niemand hat überall recht. Niemand kann es überall recht machen – weder sich, noch den anderen, noch dabei, worauf es jeweils ankommt.

Das Wörtchen »wahr«, das auch in manch anderer Sprache zu den *four letter words* zählt, ist ein beständiger Widerhaken im Gefüge unserer Gedanken. Zusammen mit seinem Gegenpart, dem Wörtchen »falsch«, hält es den möglichen Zweifel an unseren Überzeugungen wach. Darin liegt der Sinn aller Rede von Wahrheit und Falschheit: sich im Glauben an die Richtigkeiten des eigenen Meinens und Machens das Bewusstsein der eigenen Fehlbarkeit nicht vernebeln zu lassen.

7

In jedem größeren Gebäude finden sich heutzutage farbige Piktogramme, die den Weg zum Ausgang und zu den Notausgängen anzeigen. Solche Zeichen sind auch die Wörter »wahr« und »falsch«. Sie weisen Individuen und Kollektive auf Fluchtwege aus ihren Verblendungen hin.

8

Aber ich will keine offenen Türen einrennen. Es geht mir nicht um eine Kritik der Rechthaberei. Auch wenn dieses Laster eine der Nebenwirkungen des Rechthabenwollens ist, wäre es abwegig, deswegen überhaupt nicht mehr recht haben zu wollen. Mein Faible für das Nichtrechthabenwollen beruht nicht auf dem Glauben, Rechthaben und Rechtfertigung seien von Übel. Es beruht auf dem Glauben, dass es im Denken und Schreiben auch anders geht.

9

Unter dem Titel *Die Kunst, recht zu behalten* listet Arthur Schopenhauer mit satirischem Vergnügen 31 Manöver auf, die Personen dazu befähigen, zur Befriedigung ihrer Eitelkeit in Disputen jedweder Art »den Schein der Wahrheit zu erlangen unbekümmert um die Sache«. Leute, die diese Techniken beherrschen, wollen gar nicht recht haben, sondern nur in den Augen der anderen recht bekommen, koste es an Aufrichtigkeit, Anstand und Wahrheit, so viel es wolle. Sie reden *bullshit* und sind auch noch stolz darauf. Um damit zu reüssieren, müssen sie jederzeit so tun, als ginge es ihnen darum, recht zu haben. Mein Verzicht auf das Rechthabenwollen hat damit nichts zu schaffen, denn wer nicht recht haben will, kann gut damit leben, nicht recht zu bekommen.

Doch ich will auch nicht so hoch hinaus wie Søren Kierkegaard, der es am Ende seines Werks *Entweder – Oder* für ein Privileg des Menschen hält, »gegen Gott unrecht zu haben«, mit der pikanten Ergänzung, man dürfe zwar »gegen Gott nicht recht haben wollen«, aber doch »mit ihm rechten«, um der erbaulichen Wahrheit innezuwerden, gegen ihn zuverlässig unrecht zu haben.

10

Schauen wir uns das drohende Desaster noch einmal an.

Ich möchte nicht länger recht haben wollen. Was für ein Satz ist das? Ein *Vorsatz*, *mein* Vorsatz – so viel ist klar. Auch Vorsätze haben es an sich, Gedanken zu enthalten. In meinem Fall ist das der Gedanke, dass nicht recht haben zu wollen diesseits des Irrsinns möglich ist. Gedanken haben es an sich, wahr oder falsch zu sein. Wenn sie in der Form eines Absichtssatzes daherkommen, können sie wahr oder nicht wahr gemacht werden. Wenn ich meinen Vorsatz auf der Strecke dieses Buches realisieren könnte, hätte ich vorgeführt, dass – und wie – sich der Gedanke des Nichtrechthabenwollens wahr machen lässt. Sollte das gelingen, hätte ich am Ende recht damit, dass Nichtrechthabenwollen möglich ist, womit mein Vorhaben gescheitert wäre.

So scheint es. Aber so ist es nicht – womit ich natürlich schon wieder recht haben will.

Ich muss also gestehen, dass ich damit recht haben will, nicht recht haben wollen zu können. Das ist die *mission impossible*, der ich mich verschrieben habe: *against all odds* der Falle eines unbedingten Rechthabenwollens zu entkommen.

11
Also noch einmal von vorn.

Was »erst einmal« oder auf ganzer Linie nicht geht, kann ja trotzdem gehen. Recht zu haben zu *glauben*, wie es im Denken und Handeln, Reden und Schreiben bis zu einem gewissen Grad unvermeidlich ist, ist nicht dasselbe, wie jederzeit recht haben zu *wollen.* Obwohl man nicht nicht recht haben wollen kann, muss man nicht *durchweg* recht haben wollen.

Ich möchte nicht nicht recht haben, ich möchte beim Schreiben nicht länger recht haben *wollen.*

Im Denken, Reden wie auch im sonstigen Verhalten müssen wir nicht immer auf dem eigenen Recht oder gar Vorrecht bestehen. Das gebietet allein der intellektuelle und moralische Anstand, zu dem nun einmal eine gehörige Portion Selbstdistanz gehört.

Im eigenen Räsonieren nicht recht haben zu *wollen* aber ist noch einmal etwas anderes. Dieses Vorhaben maßt sich an, aus dem Nichtrechthabenwollen eine besondere Tugend zu machen.

12

Aber so groß ist diese Anmaßung gar nicht – und vielleicht ist es gar keine.

Menschliche Kulturen bilden vielfältige Praktiken aus, in denen es nicht darauf ankommt, recht zu bekommen oder zu behalten. Sakrale oder profane Rituale sind nicht dazu da, irgendetwas zu rechtfertigen oder zu ergründen; sie werden vollzogen, um sich der Bedeutsamkeit einer Teilhabe an den Dingen des Lebens oder einer Sicht der Welt zu versichern. *Small talk* und andere Formen der beiläufigen Kommunikation zielen nicht auf Wissenserwerb, sondern darauf, ein Band des Gesprächs zu knüpfen, das die Beteiligten auf ein ungezwungenes Zusammensein einstimmt. Wettkämpfe werden nicht ausgetragen, Spiele werden nicht gespielt, um irgendeiner Einsicht näherzukommen.

Auch wenn es bei solchen Tätigkeiten nicht um Wahrheitsfindung geht, kann man bei ihrer Ausführung doch allerlei richtig oder falsch machen. Auch sie folgen Regeln. Man nimmt an solchen Beschäftigungen nur teil, solange man den betreffenden Regeln folgt. Diese zu beherrschen und zu beherzigen ist die Voraussetzung dafür, sich auf ein Geschehen einzulassen, das nicht auf Rechtfertigung gepolt ist. In ihm eröffnen sich außerdem viele Möglichkeiten, das, worauf es ankommt, so *und anders* richtig zu machen. Spiele und Sprachspiele schreiben niemandem vor, wie sie im Rahmen der Vorgaben ausgeführt werden sollen. Das stellen sie frei. Die Regeln des Satzbaus geben an, wie ich Sätze zu bauen habe, aber sie sagen mir nicht, was ich zu sagen und wie ich es zu sagen habe.

13

Oder man verlegt sich gleich aufs Erzählen. Wer erzählt, muss überhaupt nicht recht haben wollen. Erzählungen gehen aus einer Praxis des Redens oder Schreibens hervor, die nicht der Logik von Gründen und Gegengründen folgt. Wohin uns Geschichten auch mitnehmen, durch welche Irrungen und Wirrungen sie uns auch führen, ob es wahre oder erfundene Begebenheiten sind, mit denen sie uns unterhalten oder ob es eine Mischung aus Dichtung und Wahrheit ist, von der wir uns betören lassen: Sie geben ihr Bestes, wenn sie uns nichts weiter geben.

14

Dass man etwas nicht muss, heißt jedoch wiederum nicht, dass man es nicht kann oder könnte. Auch im Erzählen kann man recht haben wollen.

Wenn ich zu einer Verabredung zu spät komme und mir ein entrüstetes »Wo bleibst du denn?« entgegengehalten wird, liegt die beste Entschuldigung darin, zu erzählen, was mir alles dazwischengekommen ist: Erst kam der Bus nicht an der Müllabfuhr vorbei, dann hat die Straßenbahn ein Auto gerammt, natürlich war weit und breit kein Taxi zu sehen, und schließlich bin ich vor lauter Lauter in den falschen Zug gestiegen. Um die Stimmung zu verbessern, kann ich dieses banale Abenteuer mit skurrilen Details verzieren und mich zusätzlich mit einer Nacherzählung des Beginns von Vladimir Nabokovs Roman *Pnin* behelfen, in dem die Hauptfigur, was der Leser schon auf der zweiten Seite, der arme Professor Pnin jedoch erst zehn Seiten später erfährt, im falschen Zug sitzt – und wenn ich Glück habe, ist der Abend gerettet.

15

Im Alltag, in der Theorie und erst recht in der Politik können Erzählungen als Rechtfertigungen dienen oder hierfür in Dienst genommen werden. Nur ist es nicht ihre einzige Mission. Sicher, die 4000 Seiten von Marcel Prousts *Auf der Suche nach der verlorenen Zeit* lassen sich auf die Botschaft bringen, die wahren Paradiese seien nun einmal die verlorenen Paradiese. Kann man machen. Muss man aber nicht. Sollte man auch nicht, wenn man die wahren Segnungen des Erzählens nicht verpassen will. Geschichten dieser oder jener Art mögen vieles nahe legen, vieles zu verstehen geben, manches erklären und etliches rechtfertigen. Ihre höchsten Weihen aber sind das nicht. Formen des Erzählens sind auch dazu da, das Widersprüchliche widersprüchlich, das Rätselhafte rätselhaft, das Ungewisse ungewiss, das Unergründliche unergründlich, das Unwahrscheinliche wahrscheinlich, das Wahrscheinliche unwahrscheinlich, das Absurde sinnvoll und das Sinnvolle absurd erscheinen zu lassen.

16

Warum also, da ich des Rechthabenwollens überdrüssig bin, erzähle ich Ihnen nicht einfach etwas, ohne Sie mit dem Für und Wider meines Vorhabens zu behelligen? Weil – aber eins nach dem anderen.

17
Eins nach dem anderen – das ist schon fast das Prinzip des Erzählens. Alles Erzählen gliedert die Ereignisse, von denen es erzählt, lässt weg, schmückt aus, greift vor und zurück, schafft einen Gang der Dinge, erfindet einen Umgang mit Zeit, kombiniert die Gegenwart des Erzählens mit der Vergangenheit des Erzählten. Es stellt keine Gesetze auf, es folgt seinem eigenen Gesetz, das einzelne Vorkommnisse zu einzigartigen Verläufen verknüpft, so wie es auf unseren Lebenswegen unaufhörlich geschieht, auch wenn wir unsere Verwicklungen in den Gang der Geschichte noch viel weniger zu entwirren vermögen als das Knäuel einer fesselnden Erzählung.

Allein deshalb ist das Verlangen, zu erzählen und etwas erzählt zu bekommen, genauso wenig zu überwinden wie das Rechthabenwollen – nicht einmal in der Sphäre der Philosophie. Schließlich lässt Platon seinen Sokrates diverse Mythen erzählen, schließlich hat Hegel seiner *Phänomenologie des Geistes* die Form eines Romans gegeben, in dem der Geist sich auf eine abenteuerliche Reise zu sich selbst begibt, die ihn von einer Donquichotterie in die nächste taumeln lässt, wenn auch in der vermessenen Hoffnung, am Ende vollständige Klarheit über sein Schicksal gewonnen zu haben.

18
Getting into trouble and out again wäre kein schlechtes Leitmotiv der Philosophie, könnte man sich ihre Geschichte als einen überlangen Spielfilm vorstellen. Tatsächlich jedoch gehorcht ihre Entwicklung der Logik einer nichtendenwollenden HBO-Serie, deren Episoden

nach dem Grundsatz *getting out of trouble and into it again* miteinander verknüpft sind, weswegen Wittgenstein bemerkt: »Beim Philosophieren muß man in's alte Chaos hinabsteigen, und sich dort wohlfühlen.«

19
Trotzdem: Wenn dem Erzählenmüssen auf ganzer Linie so wenig zu entkommen ist wie dem Rechthabenwollen, aber das Erzählen immerhin die Möglichkeit bereithält, ohne alles Rechthabenwollen auszukommen – warum verlege ich mich dann nicht auf diese Art des Erzählens?
Weil ich es nicht kann.
Aber ich möchte weiter schreiben können.
Warum?
Weil ich nichts anderes kann.

20
Das stimmt nun auch wieder nicht. Um etwas zu können, muss man schon alles Mögliche können. Ich kann einigermaßen staubsaugen, einkaufen, dübeln, joggen, kochen, Lampen anschließen, Rasen mähen, Windeln wechseln, Vorlesungen halten, Auto fahren, Verträge abschließen usf. Doch unter dem Sammelsurium der Fähigkeiten, die mir beigebracht wurden oder die zu erwerben ich nicht umhin konnte, findet sich keine zweite, an der mir so viel liegt und von deren Gebrauch – und Missbrauch – ich so abhängig bin wie das Schreiben. Alle übrigen Fertigkeiten wäre ich bereit, in einem Pakt mit dem Teufel herzugeben, wenn ich mir dadurch bis zuletzt das Schreibenkönnen erhalten könnte.

21
Bevor Sie mich nun doch – oder nun vollends – für verrückt halten (vergessen wir nicht, dass auch der mörderische Colonel Kurtz ein manisch Schreibender ist), lassen Sie mich daran erinnern, dass auch diejenigen, die ihr Leben dem Schreiben widmen, dieses Schreiben ihrem Leben abgewinnen müssen. Sie sind den Wechselfällen des Lebens ebenso ausgesetzt wie alle anderen auch, und sie setzen sich ihnen in ihrem Beruf noch einmal aus – »mit dem Mut des Arztes, der die gefährliche Spritze noch einmal an sich selbst erprobt« (Proust). Leidenschaften können sich nur am Leben erhalten, solange ihnen andere in die Quere kommen. Deshalb sagt Wittgenstein: »Das Licht der Arbeit ist ein schönes Licht, das aber nur dann wirklich schön leuchtet, wenn es von noch einem andern Licht erleuchtet wird.« Weniger kitschig sagt es Proust: Ein Schriftsteller »kann ruhig sein Werk beginnen, auf seinem Wege werden ihm genügend Leiden begegnen, die seine Vollendung bewirken. Was das Glück anbelangt, so dient es fast nur einem nützlichen Zweck: das Unglück möglich zu machen.«

22
Das Elend der Welt, bemerkt Pascal, rührt daher, dass die Menschen nicht auf ihrem Zimmer bleiben können. Als Gebrauchsanweisung ist das nicht gemeint. Denn wir *können* ja nicht auf dem Zimmer bleiben, einmal ganz abgesehen davon, dass irgendwer die Zimmer erbaut haben muss. Auch wenn wir es versuchen wollten (und uns die emsigen Bediensteten leisten könnten, die es hierfür benötigt), die Erde und das Gewimmel auf ihr, dessen Teil wir sind, stünde deshalb noch lange nicht still. Wie sehr

man sich auch einschließt – in einem Zimmer, im Schreiben oder in sonst einer Tätigkeit – die Welt kann man nicht ausschließen. Wir kommen nicht darum herum, herumzukommen, selbst wenn wir auf der Stelle treten.

23

Ich bin mir auch gar nicht so sicher, ob das mit meinem Nichterzählenkönnen wirklich stimmt, obwohl ich vorerst keinerlei Geschichten erzähle. Vielleicht summiert sich das auf diesen Seiten Geschriebene am Ende doch zu einer Art Erzählung von der Entstehung dieser Nichterzählung – warten wir es einfach ab.

Jedenfalls will ich Ihnen nichts Falsches versprechen, was mir am leichtesten fällt, wenn ich Ihnen gar nichts verspreche. Das geht natürlich auch wieder nicht. Schließlich gibt jedes Buch eine Art Versprechen. Zudem habe ich Ihnen gerade versprochen, Ihnen nichts zu versprechen, woran ich mich wohl oder übel werde halten müssen.

24

»Nun sage ich«, beginnt Immanuel Kant gelegentlich einen seiner Sätze. Das geschieht an Stellen, an denen er einen neuen Gedanken einführt oder seiner bisherigen Überlegung einen zusätzlichen Dreh verleiht. Mit dieser Wendung, die er leicht hätte unterlassen können, verweist er darauf, dass er dabei ist, in seinen »Gedankengeschäften«, wie er zu sagen pflegte, eine riskante Investition zu tätigen. Das lesende Publikum soll bemerken, dass er »nun« etwas behauptet, das im Gang seines Texts alles andere als selbstverständlich ist. Es soll die Augen offen halten für das, was jetzt kommt. Es soll sich kein X für ein U vormachen lassen, auch wenn der Autor suggeriert, dass es von dem X zu dem U einen schlüssigen Übergang gibt.

25
Um mein Versprechen eines Nichtversprechens einzulösen, sage ich nun: Ich möchte nicht länger ein Genre bedienen.

Aber Sie ahnen schon, dass auch das nicht hinhaut. Gar kein Genre zu bedienen, geht nicht nur auf ganzer Linie nicht, es geht überhaupt nicht. Alles Schreiben muss sich unausweichlich zu diversen Genres verhalten, selbst wenn es sich widerspenstig zu ihnen verhält. Jede andersartige, befremdliche, scheinbar oder tatsächlich neue Form des Schreibens zehrt von denen, die sie verändert, von denen sie abweicht, die sie umstülpt oder verkehrt. Man kann hier nicht von vorn beginnen.

26
Aber wie wäre es, wenn ich sage: Ich möchte nicht länger ein bestimmtes Genre, sondern alle möglichen bedienen.

Dann sähe es anders aus. Ich wäre frei, von einer Schreibart in die andere zu wechseln, ich wäre frei, die eine in die andere übergehen zu lassen, ich wäre frei, mich im Schreiben gehen zu lassen, ich müsste keinen Widerstand dagegen leisten, wohin es mich treibt, ich könnte Widerstand gegen jede der Formen leisten, in denen mein Schreiben es sich bequem machen will. Ich könnte Aphorismen, Denkbilder, Prosagedichte, Biografica, Theorieskizzen, Erzählfragmente, Essaysplitter, kabarettistische Einlagen und anderes mehr gegeneinander in Position bringen, miteinander verbinden oder ineinander überblenden. Ich könnte mich so in diesen Formen bewegen, dass sich die Frage des Rechthabenwollens gar nicht mehr stellt. Ich müsste keine Garantie dafür geben, welche Gattungen ich zu bedienen gedenke. Ich müsste nicht länger behaupten, dass ich etwas behaupte, selbst wenn meine Sätze die Form von Behauptungen haben. Ich könnte mein Versprechen halten. Ich könnte meinen Vorsatz erfüllen.

27
Einen Versuch ist es wert. Stellen Sie sich also darauf ein, dass Sie sich auf mich nicht verlassen können. Ich will mich ja selbst nicht auf mich verlassen, sondern nur darauf, dass eins das andere ergibt.

28
Ich möchte nicht länger recht haben wollen.
Ich möchte nicht länger recht haben wollen müssen.
Ich möchte weiter schreiben können.

Zu diesem Dreisatz hat sich ein zweiter gesellt.

Ich möchte nicht länger ein Genre bedienen.
Ich möchte nicht länger ein bestimmtes Genre bedienen.
Ich möchte ungehemmt schreiben können.

29
»*Horaz*, ich weiß es wohl, rät von dieser Methode strikt ab: Aber dieser Gentleman spricht auch nur von einem epischen Gedicht oder einer Tragödie; – (von welcher, erinnere ich mich nicht mehr) – wäre es überdies nicht

an dem, so möchte ich Mr. *Horace* um Verzeihung gebeten haben; – denn bei dem, was ich mir zu schreiben vorgesetzt habe, werde ich mich weder nach seinen Regeln richten noch nach den Regeln irgend eines anderen Menschen, der jemals gelebt hat«: – so sagt es Laurence Sterne am Beginn seines Romans *The Life and Opinions of Tristram Shandy, Gentleman.*

30
Literatur und Film kennen reichhaltige Techniken des unzuverlässigen Erzählens. Ein unbotmäßiges Philosophieren kann sich daran ein Beispiel nehmen.

31
Die Prosa Elfriede Jelineks besteht aus einem Gemisch inkompatibler Sprechweisen, auf deren Stillage keinerlei Verlass ist. Die Sprachen der Werbung, des späten Heidegger, der Pornographie, der Religion, des Schauerromans, der Psychoberatung, von Sportübertragungen und Talkshows verbinden sich zu einem dissonanten Rauschen, mit dem das Geschehen der Texte das in ihnen Geschehende übertönt.

32
Es gibt nicht nur ein Hintergrund-, es gibt auch ein Vordergrundrauschen. Es kommt zu Gehör, wenn die Erzählung das Erzählte, der Gesang das Gesungene, das Denken die Gedanken, die Argumentation das Argument übertönt, womit das Hintergründige vordergründig und das Vordergründige hintergründig wird.

33

Im Namen des Erzählens und Argumentierens darf man ihnen das Feld nicht allein überlassen. Wer viel von ihnen hält, darf nicht zu viel von ihnen halten. Beide sind elementare Formen des Denkens. Ein Denken aber, das keinen Spielraum zu seinen Konstruktionen behält, ein Denken, das nicht bereit ist, seine Gedanken – und mit ihnen sich – aufs Spiel zu setzen, bleibt unter seinen Möglichkeiten. Kein freies Sichbesinnen kommt mit bloß ein oder zwei Stilen seiner Ausübung aus. Es will sich unterbrechen, den Blick wechseln, seinen Rhythmus verändern, seinen Gestus verwandeln. Zur Hochform kommt es, wo es von der geraden Bahn abkommt.

34

Heiner Goebbels, einer der Pioniere eines nicht länger narrativen Musiktheaters, gesteht gerne, dass ihn erzählende Kunstformen langweilen. Geschichten, die einen auf ein Ende hin ausgerichteten Sinnzusammenhang herstellen, seien für seinen Geschmack zu absehbar, um der Imagination ausreichend Zündstoff zu geben. Selbst wer dieses Bekenntnis nicht teilt, wird zugeben können, dass es einen Nerv nicht bloß der künstlerischen, sondern aller Sinngebung trifft. So unschätzbar die Meriten des Erzählens sind, auch sie kann man überschätzen.

35

Der »zwanglose Zwang des besseren Arguments«, wie Jürgen Habermas sagt, ist ebenfalls nicht zu verachten. Gerade wenn man ihn achtet, darf man nicht alles auf ihn geben. Das schlagende Argument ist nicht das Beste, was der menschliche Geist zu bieten hat. Er kennt sowohl sanftere als auch wildere Kunstgriffe, um unsere Sicht auf die Welt zu verrücken. Ein Bestes ist hier nicht vorgesehen.

36

Nicht einmal im Argumentieren muss man durchweg recht haben wollen. Man kann eine Position *for the sake of argument* einspielen und durchspielen, ohne sich darauf festzulegen, ob oder wie sehr man es überzeugend findet. Der Raum der Gründe sollte mit Fenstern versehen sein, die sich nicht allein kippen, sondern ganz öffnen lassen. Fachleute empfehlen die Schocklüftung der Künste.

37

In einigen politischen Theorien spielt das von Hannah Arendt in Umlauf gebrachte »Recht auf Rechte« und das auf Rechtfertigung eine prominente Rolle. Es wird dort zum Grundsatz aller Grundsätze eines rücksichtsvollen Zusammenlebens erhoben. Selbst wenn das einleuchtend wäre, folgt daraus keinerlei Pflicht, überall recht haben wollen zu müssen, sondern das Recht, überall dort, wo wir weder den anderen noch uns selbst unrecht tun, ohne den Willen zur Rechtfertigung zu denken und zu handeln.

38

Niemand muss müssen. Wer nichts – oder nichts mehr – will, kann hierauf wie auf alles andere verzichten.

Was wir müssen, hängt davon ab, was wir wollen. Auch das, was wir nicht wollen, hängt davon ab, was wir wollen. Solange wir recht haben wollen, sollten wir jeden Widerspruch vermeiden. Sobald – und soweit – wir nicht recht haben wollen, müssen wir uns um Einstimmigkeit und

Übereinstimmung nicht scheren. Es kommt dann nicht auf das Stimmige, sondern auf das Stimulierende an – was nur eine andere Art des Stimmigen ist.

39

Selbst wenn man nicht mehr will, was und wie alle anderen wollen, hat man immer noch alle Hände voll zu tun, wie es dem Ich-Erzähler in Paul Austers Roman *Moon Palace* ergeht, als er so weit ist, sich nur noch von einem Zufall zum nächsten treiben zu lassen. Es sind Spiegeleier auf dem erhitzten Kühler eines Autos zuzubereiten, eine Bleibe im Central Park muss gefunden werden, Leuten, die penetrante Fragen stellen, ist die Auskunft zu erteilen, man sei an einem ethnographischen Forschungsprojekt beteiligt usw., bis schließlich der letzte Zufall über Leben oder Tod entscheidet.

40

Nichtrechthabenwollen ist Nicht*recht*habenwollen, kein Nichtmehrwollen. Es ist ein Wollen, das anders will als das rechtfertigende Denken, aber auch ihm geht es um etwas – andernfalls wäre es kein Wollen. Auch es will, dass wahr wird, worauf es aus ist: mit Gedanken zu spielen, ohne auf der Stelle über ihre Wahrheit zu entscheiden, selbst wenn sich darüber entscheiden ließe.

41

Es ist ja nicht so, dass ich keine Argumente mehr hätte. Alle haben welche. Es herrscht kein Mangel an ihnen. Ich will nur nicht alles auf diese Karte setzen. (Aber habe ich das je getan? Kann man das überhaupt tun: *alles* auf diese Karte setzen?) Ich möchte bloß keine Texte mehr machen, die um Zustimmung betteln. (Aber habe ich das je getan? Habe ich nicht insgeheim hinter meinem Rücken die Finger gekreuzt?)

42

Logosversessenheit ist nur die Kehrseite der Logosvergessenheit. Vernünftig ist etwas anderes. Vernunft hält Abstand zu beidem. Sie hält sich alle Optionen des Denkens offen: das Erzählen nicht weniger als das Argumentieren, das Imaginieren nicht weniger als das Experimentieren, das Definieren nicht weniger als das Assoziieren, die Deduktion nicht weniger als die Improvisation, das Einordnen nicht weniger als das Überschreiten, die Ausschweifung nicht weniger als die Abschweifung.

43

Es gibt nicht nur eine Moral der Rechtfertigung, sondern auch eine Moral des Verzichts auf sie. Beide liegen im Widerstreit miteinander.

Die Moral der Rechtfertigung verlangt, dass wir uns selbst und anderen Rechenschaft über unsere Ansichten und Absichten geben.

Die Moral des Verzichts auf Rechtfertigung verlangt, dass wir uns selbst und anderen gegenüber auf Abstand zu unseren Ansichten und Absichten gehen.

44

Es gibt nicht nur eine Ethik des Meinens, sondern auch eine Ethik des Denkens. Beide liegen im Widerstreit miteinander.

Die Ethik des Meinens verlangt, den kognitiven Haushalt in Ordnung zu halten.

Die Ethik des Denkens verlangt, im kognitiven Haushalt Feste zu feiern.

45
»Urteilen«, sagt Gottlob Frege, »kann als Fortschreiten von einem Gedanken zu seinem Wahrheitswerte gefaßt werden.« Indem wir urteilen, gelangen wir zu der Überzeugung, dass eine Aussage wahr oder falsch ist, es sei denn, dass sich dies – vorerst oder überhaupt – nicht entscheiden lässt; dann werden wir uns eines Urteils enthalten. Im günstigen Fall gelangen wir im Überlegen zu einer durch Gründe gefestigten wahren Annahme. Ein solches Urteil vermittelt uns die Erkenntnis, dass es sich mit der fraglichen Sache so und so verhält.

Mit dem Fortschreiten aber ist es so eine Sache: nicht nur weil, nach dem Satz von Johann Nestroy, den Wittgenstein als Motto seiner *Philosophischen Untersuchungen* vorsah, »der Fortschritt das an sich« hat, »daß er viel größer ausschaut, als er wirklich ist«; nicht nur, weil der folgernde Übergang von einem Gedanken zum nächsten genauso langweilig werden kann wie eine allzu absehbare Erzählung; sondern auch, weil das Fortschreiten gar nicht der Königsweg eines noch so geringen Erkenntnisfortschritts ist. Fänden in den Regionen des Denkens nicht fortwährend Ausschreitungen statt, wäre mit ihm kein Staat zu machen.

46
Am Ende seines Monologs räsoniert Colonel Kurtz über die von ihm bewunderte Fähigkeit seiner Kriegsgegner, ohne Überlegung und die mit ihr verbundenen Skrupel zu töten, und kommt zu dem Schluss: »It's judgement that defeats us.« An der Oberfläche bezieht sich dieser Satz auf die amerikanische Kriegsführung in Vietnam. Doch er geht weit darüber hinaus, denn Kurtz ist ein gebildeter Mann. Er kennt das von Sophokles dramatisierte Schicksal des Königs Ödipus, dem das eigene Urteil zum Verhängnis wurde.

Wer urteilt, liefert sich aus.
Wer urteilt, macht sich angreifbar.
Wer urteilt, spricht ein Urteil über sich.
Wer urteilt, nimmt gegenteilige Urteile in Kauf.
Wer urteilt, unterwirft sich der Macht von Gründen.
Wer urteilt, kann verurteilt werden: von anderen und von sich selbst.

47
Auf der sicheren Seite wäre nur, wer das Urteilen hinter sich ließe. Aber dem Urteilen kann sich niemand verweigern, da es auch hierzu eines Urteils bedarf. Die Hoffnung auf einen Übergang in ein urteilsloses Dasein ist ebenso vergeblich wie die Sehnsucht nach einer Befreiung von den eigenen Meinungen.

Nur Urteilende können von der Urteilslosigkeit träumen.
Nur Urteilende können sich eines Urteils enthalten.
Nur Urteilende können ihr Urteil in der Schwebe halten.

48
Den eigenen Gedanken, oder die eigene Stellung zu einem Gedanken, in der Schwebe halten: Es ist diese Möglichkeit, die meine unmögliche Mission möglich erscheinen lässt. Sie eröffnet einen Ausweg aus dem stählernen Gehäuse der Hörigkeit gegenüber dem Rechthabenwollen. Sie gewährt einen Eingang in das Labyrinth des Denkens.

Den eigenen Gedanken, oder die eigene Stellung zu einem Gedanken, in einer Schwebe zu halten, ist nicht dasselbe wie Urteilsenthaltung. Wer sich enthält, schließt den Prozess des Überlegens ab. Wer einen Gedanken (oder ein Bündel von Gedanken) in der Schwebe hält, hält sich in diesem Prozess auf.

Alles Überlegen verlangt ein Innehalten in dem »Fortschreiten von einem Gedanken zu seinem Wahrheitswerte«. Wenn wir in diesem Innehalten inne halten und bei ihm verweilen, lassen wir uns auf Gedankenspiele ein.

49
Sich beim Denken zusehend, notiert Wittgenstein: »Von den Sätzen, die ich hier niederschreibe, macht immer nur jeder so und so vielte einen Fortschritt; die anderen sind wie das Klappern der Schere des Haarschneiders, der sie in Bewegung halten muss, um mit ihr im rechten Moment einen Schnitt zu machen.«

50
Gedankenspiele sind Spiele mit möglichen Sätzen und möglichen Verbindungen von Sätzen. Wie fast jede Art des Spiels werden sie von Affekten und Imaginationen

angetrieben. Dies kann im inneren oder äußeren Dialog geschehen, aber auch im einsamen Schreiben. Wenn es hierzu kommt, entsteht eine Ansammlung von Sätzen, die Spielmaterial für den Autor waren und, sobald sie veröffentlicht sind, zu Spielsachen für Leserinnen und Leser werden, die mit der Anordnung der Satzfiguren ihre eigene Partie beginnen.

51
Wer Gedankenspiele macht, gibt sich Stilübungen hin. Das Verfahren ihrer Herstellung folgt dem Kalkül, für jeden der Sätze eine Stelle inmitten der anderen zu finden, an der sie miteinander ins Gerede kommen können. (Vielleicht habe ich doch eine Methode; vielleicht folge ich doch einer Regel.)

52
Das gibt mir zu denken, sagen die mit Gedanken Spielenden – und belassen es dabei. Sie haben es mit Sätzen zu tun, die da, wo sie stehen und wie sie da stehen, nicht für ein Urteil stehen. Ein ums andere Mal schlagen die Sätze, die das Spiel in Gang bringen, einen Haken, wenn es zum Schwur einer Behauptung kommt.

53
Nicht alle Sätze geben ihre logische Struktur zu erkennen. Nicht alle Sätze offenbaren sogleich den Sinn ihrer Verwendung.
Jeder Satz kann Teil eines Gedankenspiels sein – oder es werden.
Mit jedem Satz, der Teil eines Gedankenspiels ist, kann auch wieder ernst gemacht werden.

Ob ein Satz im Spiel bleibt oder als Spielelement ausgespielt hat, entscheidet ihr Einsatz im Schreiben oder Lesen.

54
Im Unterschied zu allen anderen Spielen können Gedankenspiele jederzeit und überall anfangen und jederzeit und überall enden.

55
Mit Sätzen, die das Aussehen von Urteilen haben, kann man vielerlei diesseits und jenseits des Urteilens tun: Gedichte machen, Romane schreiben, Witze erzählen, Parodien verfertigen, übertreiben, untertreiben, abschweifen, ausschweifen oder einfach nur schweifen.

56
Auch Worte haben eine Musik, selbst wenn sie nicht gesungen werden. Auch Sätze haben eine Dramaturgie, selbst wenn diese sich nicht zu einer Erzählung fügt. In ihrer Kombination und Komposition erzeugen Worte und Sätze ihren eigenen Klang. Es gibt auch eine Musik des Denkens.

57
Laut und Luise heißt ein Gedichtband von Ernst Jandl – ein schönerer Buchtitel ist mir nie begegnet.
Es sind die leisen Laute, die die lauten übertönen.

58
Anders als die Musik haben Worte und Sätze immer etwas zu sagen. Sprachliche Ausdrücke haben eine Bedeutung,

die sich aus ihrem Beitrag für die Bedeutung möglicher Sätze ergibt. Die Möglichkeiten ihrer Zusammenstellung zu Sätzen und Texten sind glücklicherweise ebenso unbegrenzt wie die der Zusammenstellung von Klängen zu den Verläufen irgendeiner anderen Musik. Die Möglichkeiten der lesenden Aufführung eines Arrangements von Sätzen sind kaum weniger begrenzt als bei irgendeiner anderen Partitur.

59

Die Kommunikation unter Menschen kennt das Sagen ebenso wie das Zeigen. Beides kann getrennt, aber auch verbunden werden. In der direkten leiblichen, von Gestik und Mimik begleiteten Unterredung geht beides ohnehin zusammen. Auch das geschriebene Wort kann Sagen und Zeigen vielfältig mischen. Auch Sätze haben Gesten, mit denen sie ebenso viel ausdrücken können wie mit dem, was sie sagen. Wo beides nicht mehr zu trennen ist, und erst recht, wo es ununterscheidbar wird, treten Schreibende und Lesende in die Zone des Nichtrechthabenwollens ein.

60

Unentscheidbarkeit, Unentschiedenheit oder Unentschlossenheit sind nicht immer willkommen und oft genug verheerend. Verheerend aber wäre es auch, diese Gefühlslagen bei den Gelagen des Geistes nicht willkommen zu heißen.

61

Gedankenspiele gewähren unseren flüchtigen Gedanken ein vorübergehendes Asyl.

62
Ordnung, Chaos: Wie im übrigen Leben bewegt sich das Pendel des Philosophierens zwischen beiden hin und her.

Hierarchie, Anarchie: Wie in der sonstigen Politik senkt sich die Waage des Denkens mal nach der einen, mal nach der anderen Seite.

Gleichgewicht, Ungleichgewicht: Wie überall im Handeln muss die Balance immer wieder verfehlt werden, um sie erreichen zu können.

63
Mose Harper, gespielt von Hank Worden, ist eine komische Nebenfigur in John Fords düsterem Western *The Searchers.* Er wünscht sich nichts sehnlicher als ein Dach über dem Kopf und einen Schaukelstuhl neben dem Feuer. Am Ende des Films ist ihm beides vergönnt. »This doddering old idiot« nennt ihn Ethan Edwards, die von John Wayne verkörperte Hauptfigur, gleich am Anfang der Geschichte. In deren Verlauf aber wird sich der Idiot dieser texanischen Gemeinschaft dank seines Spürsinns als überaus hilfreich erweisen. Vermutlich ohne an den närrischen Mose zu denken, hat Jean-Paul Sartre seiner unvollendeten Flaubert-Biografie den Titel *L' Idiot de la famille* gegeben. Das ist die Rolle, die einem Nichtrechthabenwollenden auf den Fluren der *scientific community* zufällt.

64
Auf mich kommt es gar nicht an. Dass ich genug von Theorien habe, ist ebenso nebensächlich wie der Um-

stand, dass es mein Vorsatz ist, der das Tohuwabohu dieser Gedankensplitter hervorgerufen hat. *Mein* Vorsatz ist bloß *ein* Vorsatz, den sich jeder zu eigen machen kann.

Ich bin nur derjenige, der sich aus freien Stücken für eine Operation am offenen Text zur Verfügung stellt. Um an diesem Eingriff teilzunehmen, müssen Sie nicht alles glauben, was ich über mich sage. Das »ich« in diesen Bagatellen steht für eine Autorenfigur, die sich zum Agenten der von ihr ausspionierten Denk- und Schreibform macht. Sie führt einen Stellvertreterkrieg gegen den Glauben, wir müssten immer und überall recht haben wollen.

65

Das Wortungetüm, das ich in dieser Angelegenheit vorgeschickt habe, führt einen Stellvertreterkrieg für diesen Stellvertreter. Es kämpft nicht für mich, es kämpft für alle, denen daran liegt, nicht immer recht haben wollen zu müssen. Es kämpft nicht gegen das Rechthabenwollen, es kämpft gegen die in uns und über uns herrschenden Mächte, die uns auf ein immerwährendes Rechthabenwollenmüssen einschwören wollen.

66

Die legendäre Route 66, die früher einmal von Chicago nach Santa Monica schräg durch die Vereinigten Staaten führte, ist zwar längst nicht mehr, was sie einmal war, aber das war sie nie, wie auch die anderen Wege, die uns immer wieder auf krumme Bahnen führen, niemals diejenigen bleiben, die sie einmal gewesen sind.

67
Lassen wir uns nicht täuschen. Das Begriffsmonster namens »Nichtrechthabenwollen« hat seinen Kampf gegen die Hydra des Rechthabenwollens nicht gewonnen. Das wollte und konnte es gar nicht. Es sollte seinen Widerpart bloß aus dem Trott bringen. Wenn Sie nun meinen, einem Scheinriesen bei einem Scheingefecht gegen einen Scheingegner beigewohnt zu haben, so sage ich – sehen wir zu. Der Tanz hat gerade erst begonnen. Also noch einmal von vorn, oder noch einmal zurück, oder gleich kreuz und quer, das ist hier ohnehin dasselbe.

Querfeldein

»Aber ich schweife ab«, sagen Leute, wenn sie sich beim Reden zur Ordnung rufen, weil sie glauben – oder so tun, als glaubten sie –, sie hätten ihre Linie verloren. Je nach Temperament atmen manche der Zuhörer auf, andere dagegen überkommt ein Gähnen, wenn es wieder geradeaus geht und alles – der Vortrag, die Erzählung, das Argument – wieder seinen erwartbaren Gang nimmt. Dergleichen dürfen Sie hier weder erhoffen, noch müssen Sie es befürchten. Denn ich will es gar nicht zu einer Ordnung der Dinge kommen lassen, deren Einhaltung oder Übertretung Sie erfreuen oder enttäuschen könnte. Ich werde von Anfang an abschweifen, Sie werden es tun, wir werden es tun – und allein damit werden wir uns unterhalten.

Ich lasse mich, ich lasse Sie, ich lasse uns gewähren.

Doch kann man sich in Digressionen ergehen, ohne in eine bestimmte Richtung zu gehen? Kann man abschweifen, ohne einer Linie zu folgen, die man immer wieder verlässt? Aber ja. Wir tun es andauernd. Wir denken an dies und das, wir plaudern über alles Mögliche, wir wechseln unsere Vorstellungen nach Lust und Laune. Unser

Räsonieren, unsere Konversationen und Imaginationen wären nicht, was sie sind, wäre es uns nicht gegeben, uns von ihnen aus der Bahn werfen zu lassen. Sie überkommen, sie überraschen uns, oft ohne dass wir wüssten und wissen wollten, wohin wir damit kommen.

Auch in anderen Lebenslagen verhält es sich so. »Mit jemandem zusammensein, den man liebt«, notiert Roland Barthes, »und an etwas anderes denken: so habe ich die besten Einfälle, so finde ich am besten, was ich brauche. Das gleiche gilt für den Text: er erregt bei mir die beste Lust, wenn es ihm gelingt, sich indirekt zu Gehör zu bringen; wenn ich beim Lesen oft dazu gebracht werde, den Kopf zu heben, etwas anderes zu hören. Ich bin nicht notwendig durch den Text der Lust *gefesselt*; es kann eine flüchtige, komplexe, unmerkliche, geistesabwesende Handlung sein: eine plötzliche Kopfbewegung, wie die eines Vogels, der nicht hört, was wir hören, der hört, was wir nicht hören.«

Seit seinem Erscheinen in den Jahren 1759–1767 ist Laurence Sternes *Tristram Shandy* das Paradebeispiel einer Geschichte, die sich in einer ständigen Abfolge von Aberrationen entfaltet. (Noch bevor sich bald darauf die Gattung des Bildungsromans etabliert hatte, wurde sie hier in einem narrativen Zickzack parodiert.) Eine stetige Pendelbewegung aus Vor- und Rückgriffen skizziert die einander überkreuzenden Lebensläufe diverser Figuren, die sich mit demjenigen des Ich-Erzählers direkt oder indirekt berühren. »Dieser Kunstgriff«, sagt der Erzähler, »macht die Maschinerie meines Werks zu einer eigenen

Spezies; zwei gegenläufige Bewegungen, die für unvereinbar galten, stecken darin und sind glatt miteinander verbunden. Mit einem Wort, mein Werk ist digressiv und doch ist es auch progressiv, – und das zu gleicher Zeit.« Die Form einer fiktiven Autobiografie gibt dabei trotz aller Aus- und Abschweifungen eine Leitlinie vor: diejenige, von der ein ums andere Mal abgewichen wird.

So ein durchscheinender roter Faden findet sich hier nicht (und also auch keine nennenswerten *cliffhanger* von einem Absatz zum nächsten). Außer dem Gang der Dinge gibt es keinen Gang der Dinge. Schon gar nicht treten Figuren auf, an die ich meine Sätze delegieren könnte.

Freistehende Digressionen schweifen nicht von einem Plan ab, sondern von den Voreinstellungen unseres Fühlens, Denkens und Träumens: von der erwartbaren Kombination von Sätzen, von der gängigen Konfiguration von Meinungen, von der schlüssigen Anordnung von Argumenten, von dem handelsüblichen Sortiment an Bildern, vom gesetzmäßigen Lauf der Welt. Sie bewegen sich von hier nach da, von da nach dort, von dort nach drüben, von drüben nach hüben: so wie es zugeht, wenn wir uns in Landschaften verlieren.

Auch in der Landschaft der Städte kann das gefährlich werden. Ich war in der Nähe des Times Square im Kino gewesen und schlenderte durch die belebten Straßen Manhattans, als ein stämmiger junger Mann von hinten an mich herantrat und mir zuraunte, ich solle mich an die Hauswand stellen, meine Geldbörse rausrücken und bloß nicht auf dumme Gedanken kommen, denn hinter uns stehe sein *gunman* bereit. Er hatte mich als den doofen Touristen identifiziert, der ich war, doch der hatte auch seinen Stolz. Weder konnte ich den angeblichen *gunman* ausmachen noch wollte ich mir den Spott ausmalen, dem ich zum Opfer fallen würde, wenn ich klein beigab. Ich ging also mit meinem Begleiter auf den Fersen einfach weiter, bis ich zu meiner Erleichterung an der nächsten Kreuzung ein Polizeiauto stehen sah, auf das ich zusteuerte, was den Quälgeist vertrieb.

Das war schon das zweite Mal, dass mich mein Flanieren in Bedrängnis brachte. Beim ersten Mal war ich auf der 5th Avenue stehen geblieben, als mich eine elegant gekleidete Gestalt höflich fragte, ob er mich etwas fragen dürfte. Der Mann zauberte eine dicke Rolle Dollarscheine hervor und bat mich, für diesen Lohn zu einem Schließfach am Flughafen zu gehen, um dort die Hinterlassenschaften seines ermordeten Bruders für ihn abzuholen. Irgendwie gelang es mir, mich dieser Konversation zu entwinden, aber nach diesen Lektionen hatte ich gelernt, mir stets den Anschein zu geben, als strebte ich mit eindeutigem Ziel von A nach B, ein Habitus, den ich mir später mühsam wieder abgewöhnen musste.

Die Art der Betrachtung, auf die er sich eingelassen hat, schreibt Wittgenstein im Vorwort seiner *Philosophischen Untersuchungen*, »zwingt uns, ein weites Gedankengebiet, kreuz und quer, nach allen Richtungen hin zu durchreisen. – Die philosophischen Bemerkungen dieses Buches sind gleichsam Landschaftsskizzen, die auf diesen langen und verwickelten Fahrten entstanden sind.« Aus der immer wieder revidierten Zusammenstellung dieser Zeichnungen, sagt der Autor, »blieb eine Anzahl halbwegser übrig, die nun so angeordnet, oftmals beschnitten, werden mußten, daß sie dem Betrachter ein Bild der Landschaft geben konnten.« Die »übersichtliche Darstellung« menschlicher Lebenszusammenhänge, die ihm vorschwebte, ist ihm glücklicherweise nicht gelungen. Statt dem Entstehen eines »Bildes« sieht man der Arbeit eines Landschaftsarchitekten zu, der Formationen eines weitläufigen Geländes freilegt, um sie einer denkenden Betrachtung zugänglich zu machen, bei der die Übersicht gerne verloren gehen darf.

Wer stets mit dem Kompass unterwegs ist, hat die Orientierung verloren. Wer nichts von Irrwegen weiß, weiß nichts von Wegen.

Der Begriff des Wegs enthält den des Abwegs. Der eine ergibt ohne den anderen keinen Sinn. Die eine Option steckt in der anderen. Doch es bleiben Optionen, die man ergreifen oder ausschlagen kann. Eine oder einige Möglichkeiten auszuschlagen, läuft nicht immer darauf hinaus, die anderen zu verwerfen. Mit jedem Atemzug lassen wir viele unserer Möglichkeiten aus – nicht nur, weil wir sie ablehnen, nicht nur, weil sie uns gar nicht in den Sinn kommen, sondern einfach, weil uns nicht der Sinn danach steht. So geht es hier zu. Ich verwerfe gar nichts. Ich verlege mich auf das, was mir gelegen kommt.

Eine der berühmtesten Digressionen der Jazzgeschichte ist das 30 Sekunden währende *famous alto break* von Charlie Parker in der Mitte des von Dizzy Gillespie komponierten Stücks *A Night in Tunisia*, aufgenommen in Hollywood am 28. März 1946. Gleichzeitig mit einem plötzlichen Innehalten der übrigen Mitglieder des Septetts (unter ihnen der junge Miles Davis) hebt Parkers Solo mit einem Lauf von außerirdischer Schnelligkeit an, bevor es ihn mit der wieder einsteigenden Rhythmusgruppe zu einem mäandrierenden Ausklang trägt. Unzählige Musiker haben sich seither an diesem Jazz-Standard versucht; keiner hat es Parkers flackerndem Spiel gleichtun können. Trotzdem sind vielen Interpreten dieser Passage mitreißende Improvisationen gelungen. Sie haben Parkers Geistesblitze in eine Folge von Gedankensprüngen und manchmal in ein Zögern und Zaudern verwandelt, die den *speed* seiner Phrasierungen insgeheim mitschwingen lassen.

In bestimmten Perioden meines Lebens habe ich vorwiegend Stroh gedroschen. Während der Ernte wurde mir eine Fuhre nach der anderen in die Scheune geladen. Das Stroh musste in den Schlund einer röhrenden Maschine geschoben werden, von der es auf den weitläufigen Dachboden geschleudert wurde, wo es ein Jahr lang für das Einstreuen der Ställe vorhielt. In der Augusthitze stand ich tagelang in einer von Lärm durchzitterten Wolke aus Staub, die sich nicht legen wollte, selbst nachdem der Aufruhr vorbei war. Ob der Wirbel, den wir machen, zu etwas gut ist, zeigt sich erst, wenn der Wirbel sich gelegt hat – falls er sich denn legt.

In bestimmten Perioden meines Lebens habe ich vorwiegend Steine geschleppt. Vor allem Sandstein hat es mir angetan, vielleicht weil ich neun Jahre meines Lebens an dem aus diesem Gestein errichteten Speyerer Dom vorbeigefahren bin und mich am Monument Valley in der Realität wie im Kino nicht sattsehen kann. Aus Ablagerungen des Leichtesten entstanden, ist dieses an Farbschattierungen reiche Naturprodukt weich genug, um mit vergleichsweise geringer Gewaltanwendung bearbeitet zu werden. Mittlerweile lasse ich die Stücke am Wegrand liegen und begnüge mich mit meinem Gefallen an ihrer zufälligen Gestalt. Schwer habe ich es mir lange genug gemacht, jetzt will ich es mir leicht machen. Doch nichts ist schwerer als das, wie jeder Versuch, etwas auf Sand zu bauen.

Geschäfte für Zeichenbedarf, Musikhäuser, Baustoffhandlungen und Baumärkte sind umgekehrte Raritätenläden: Bazare des Potentiellen, voller nagelneuer Materialien, Werkzeuge und anderer Instrumente, die darauf warten, für Kreationen aller Art in Gebrauch genommen zu werden. Dann und wann flaniere ich in ihnen mit einem interesselosen Wohlgefallen, das mir in Buchläden und Bibliotheken nicht vergönnt ist.

Ersatzteillager aller Art sind Paradiese der Suchenden. Je chaotischer es in ihnen zugeht, desto eher werden die Stöbernden fündig. Die unübersichtlichsten dieser Schatzkammern sind die menschlichen Sprachen. Die, die sich hier umtun, stoßen auf Wendungen, für die sie bislang noch gar keine Verwendung hatten. (Wie kläglich dagegen die Wörterbücher, die das Chaos in eine pedantische Ordnung bringen.)

In bestimmten Perioden meines Lebens habe ich vorwiegend Fassaden gestrichen – Wände, Türen, Tore, Fensterrahmen, Dachgebälk. Als mein Meisterwerk galt die Restaurierung eines Miststreuers und des dazugehörigen Krans, die den einen türkis, den anderen blau zum Leuchten brachte. Allerdings hatte ich bei meiner Malerarbeit unbekümmert über Rost und Dreck hinweg gestrichen, weil mir eine akkurate Ausführung bald zu mühselig wurde. Das fiel aber keinem auf, wie es meistens der Fall ist, wenn eine kleine oder große Menge sich an Glänzendem erfreut.

Der Geruch von Mist und der Geruch der Farbe, mit dem wir jenen zu übertünchen versuchen, sind zwei Grundstoffe des Dufts der Welt. Heimatliche Gefühle verschaffen mir beide.

Eine Weile habe ich vor allem Fotos gemacht. Mein Waterloo erlebte ich vor vierzig Jahren im kalifornischen Death Valley. Ich hatte Hunderte von Schwarzweißfotos gemacht (das Ergebnis sollte ja Kunst sein, und damals war Farbe in diesem Metier noch weitgehend tabu), auf denen, als sie nach meiner Rückkehr entwickelt waren, nichts davon zu sehen war, was ich dort gesehen hatte und hätte festhalten wollen. Das war schon der Fehler, da Fotos, die etwas hermachen, uns etwas sehen lassen, das am Ort und im Augenblick ihres Entstehens gar nicht zu sehen war. Das einzige Foto von meiner Reise, das ich wider Willen gelungen fand, war ein Farbfoto (im Visitor Center war nur noch ein Farbfilm zu bekommen gewesen). Es zeigte unter blauem Himmel einen gelben, übervoll mit reifen Tomaten beladenen Truck, auf einer Landstraße um die Kurve biegend: eine unfreiwillige Replik auf Barnett Newmans Bildserie *Who's Afraid of Red, Yellow and Blue*, auf die ich seither immer wieder zurückgekommen bin.

Kunstwerke sind Objekte, auf die wir immer wieder zurückkommen können, wie weit wir uns von ihnen auch entfernt haben mögen. Dazu sind sie da: Sie geben uns Gelegenheit, uns – und einander – nahezukommen, indem wir uns von unserem Bild von uns entfernen.

Die Künste konkurrieren miteinander als Anwälte des Verlangens, es nicht dabei zu belassen, wie wir zu uns selbst und der Welt stehen. Eine weitergehende Moral vertreten sie nicht.

»Der Nachteil bei großer Literatur ist, daß jedes Arschloch sich damit identifizieren kann«, notiert Peter Handke am 18. März 1976 in seinem Journal *Das Gewicht der Welt*. Einen Vorschlag zur Güte macht Roland Barthes in seinen Fragmenten über *Die Lust am Text*, wo er die Gründung einer »Gesellschaft der Freunde des Textes« ins Auge fasst. »Ihre Mitglieder hätten nichts miteinander gemein (denn es gibt zwangsläufig keine Übereinstimmung über die Texte der Lust) außer ihre Feinde: alle möglichen Querulanten, die dekretieren, daß Text und Lust einander ausschließen, sei es aus kulturellem Konformismus, sei es aus unversöhnlichem Rationalismus (eine ›Mystik‹ der Literatur argwöhnend), sei es aus politischem Moralismus, sei es aus Kritik am Signifikanten, sei es aus schwachsinnigem Pragmatismus, sei es aus launiger Albernheit, sei es, um den Diskurs zu zerstören, wegen des Verlusts jeder verbalen Begierde.« Diese von Barthes imaginierte Gesellschaft wäre keine Utopie, sondern eine »Atopie«: eine nicht auf Einstimmigkeit gepolte Genossenschaft, »denn die Widersprüche wären anerkannt (und damit die Gefahren ideologischer Heuchelei eingeschränkt)«.

Die darstellenden Künste, allen voran Theater und Kino, heißt es, gewähren uns die Wonnen einer Illusion, von der wir wissen, dass es eine ist: den Eindruck, es geschähe wirklich, hier und jetzt, was in ihren Darbietungen geschieht. Die Illusionisten unter den Freunden der Künste täuschen sich. Denn was vor ihren Augen und Ohren jeweils hier und jetzt geschieht, sind die Sensationen einer Darbietung, denen alle Raffinessen des Dargebotenen entspringen. Dieses Erscheinen ist so real wie nur etwas. Das Agieren von Darstellern, das Changieren von Objekten, Szenen- und Blickwechsel, das Miteinander von Stimmen und anderen Klängen, der Widerstreit von Stille und Aufruhr, Verlangsamung und Beschleunigung, alle Weltbezüge, die dabei aufgeboten, ausgeblendet oder in Frage gestellt werden: all das wird in einem *timing* und *framing* vorgeführt, das man zwar übersehen und überhören kann, aber weder übersehen noch überhören darf, wenn man für die Kunst dieser Künste empfänglich sein will.

Eine Weile durfte ich nicht mehr ins Kino gehen. Der erste Film meines Lebens war mir nicht bekommen. Mein Vater hatte uns, einen Fernseher hatten wir zuhause nicht, in die örtlichen »Kammerspiele« zu der Karl-May-Verfilmung *Der Schut* von Robert Siodmak ausgeführt, ein, wie es ihm schien, unverfängliches Vergnügen für einen 12-jährigen Jungen und seine zwei Jahre ältere Schwester, zumal beide entsprechend literarisch vorgebildet waren. Doch weit gefehlt. In der darauffolgenden Nacht durchlebte ich in einer Serie von Albträumen die Feuersbrunst (oder was ich dafür hielt) am Ende des Films und wachte jedes Mal schreiend auf, was ein elterliches Verbot derartiger Vergnügungen zur Folge hatte. Vier Jahre später hatte sich das gelegt. Ich ging mit meinem Freund regelmäßig während des Nachmittagsunterrichts, den wir als Zumutung empfanden, ins Kino, wo wir uns nun richtige Western zu Gemüt führten. Seitdem vertrage ich im Kino alles ohne traumatische Nachwirkungen. Das sensible Kind ist mit der Zeit abgestumpft gegenüber eigentlich unzumutbaren Reizen, wäre eine einschlägige Diagnose. Ich ziehe die Deutung vor, der unbedarfte Junge habe sich mit der Zeit sensibilisiert für das, was das Kino und die anderen Künste zu bieten haben.

Präsentation und Präsentiertes: Wer den Künsten nicht mit einer doppelten Aufmerksamkeit begegnet, bleibt für ihre Ansprache taub.

Das doppelte Gewahrsein, das die Künste von ihrem Publikum verlangen, ist im übrigen Leben nicht annähernd zu erreichen. Hier können wir unsere Perspektiven und das von ihnen Eröffnete nicht gleichzeitig in den Blick nehmen.

Bestimmtes – Unbestimmtes; Bewusstes – Unbewusstes: die Vexierspiele zwischen diesen Polen, die alle unsere Vorstellungen begleiten, loten die Künste aus, wie keine andere Wissenschaft es kann.

»In the moment he knew, he ceased to know«, heißt es im Schlusssatz von Jack Londons Roman *Martin Eden* über seinen ertrinkenden Helden. Ein scheinbar optimistischeres Bild malt Immanuel Kant. »Wir haben jetzt das Land des Verstandes nicht allein durchreiset«, schreibt er am Ende der ersten Abteilung der *Kritik der reinen Vernunft*, »und jeden Teil davon sorgfältig in Augenschein genommen, sondern es auch durchmessen, und jedem Dinge auf demselben seine Stelle bestimmt. Dieses Land aber ist eine Insel, und durch die Natur selbst in unveränderliche Grenzen eingeschlossen. Es ist das Land der Wahrheit (ein reizender Name), umgeben von einem weiten stürmischen Ozeane, dem eigentlichen Sitze des Scheins, wo manche Nebelbank, und manches bald wegschmelzende Eis neue Länder lügt, und indem es den auf Entdeckungen herumschwärmenden Seefahrer unaufhörlich mit leeren Hoffnungen täuscht, ihn in Abenteuer verflechtet, von denen er niemals ablassen, und sie doch niemals zu Ende bringen kann. Ehe wir uns aber auf dieses Meer wagen,

um es nach allen Breiten zu durchsuchen, und gewiß zu werden, ob etwas in ihnen zu hoffen sei, so wird es nützlich sein, zuvor noch einen Blick auf die Karte des Landes zu werfen, das wir eben verlassen wollen, und erstlich zu fragen, ob wir mit dem, was es in sich enthält, nicht allenfalls zufrieden sein könnten, oder auch zur Not zufrieden sein müssen, wenn es sonst überall keinen Boden gibt, auf dem wir uns anbauen können; zweitens, unter welchem Titel wir denn selbst dieses Land besitzen, und uns wider alle feindseligen Ansprüche gesichert halten können.«
Das ist ein den Stil eines Caspar David Friedrich oder William Turner vorwegnehmendes Seestück eines ängstlichen Inselbewohners, der sich von den Sirenengesängen des Ungefähren bedroht sieht und daher um seine wertvollsten Besitztümer fürchtet. Doch wer in dem nicht Bestimmbaren einen äußeren Feind sieht, wird die eigenen Ansprüche nicht lange verteidigen können. Eine Republik, die in dem ihr nicht Geheuren nur eine Gefahr wittert, ist dem Untergang geweiht. Alles Vermessen ist letztlich vermessen.

Kein Glück dauert an, weswegen wir uns damit begnügen oder zur Not darauf hoffen müssen, wenigstens in seiner Reichweite zu leben. Nur die Künste, noch wo sie von dem Schlimmsten handeln, was sich unter Menschen zutragen kann, versorgen uns mit Episoden eines anhaltenden Glücks. Ihre Werke sind Gelegenheiten, immer wieder erleben zu können, wie sich das permanente Widerspiel von Hoffen und Bangen in die erfüllte Gegenwart einer einmaligen Darbietung seines *clair-obscur* verwandelt.

Das ist einer der Gründe dafür, warum Bücherregale nicht aussterben werden, selbst wenn die CD- und DVD-Kollektionen in den elektronischen Kellern verschwunden sein werden. (Schließlich hat auch manche Sammlung von Vinylscheiben überlebt.) Die heimischen Bücherkulissen sind ein intimes Zurschaustellen jederzeit greifbarer Drogen, die – anders als die Attrappen in Möbelhäusern – eine magische Wirkung schon durch ihre pure Anwesenheit entfalten.

There's No Business Like Show Business heißt ein von Irving Berlin für das 1946 uraufgeführte Musical *Annie Get Your Gun* komponierter Song, dem danach eine nichtendenwollende Karriere vergönnt war. Es gibt auch zwei dem Genre der – wie Theodor W. Adorno es nannte (und mochte) – »Revuefilme« zugehörige Produktionen aus den Jahren 1950 und 1954, in denen diese Nummer eine Hauptrolle spielt. Der junge Sonny Rollins hat diese ironische Reklame für Hollywood 1955 mit einer Adaption auf dem Tenorsaxophon beantwortet, deren melancholische Läufe andeuten, dass es da eine Kehrseite gibt.

T'ain't Nobody's Bizness if I Do ist ein Blues aus den frühen 1920er Jahren, der vor allem durch die Einspielung von Bessie Smith legendär geworden ist und seither zum Repertoire vieler Jazz- und Blues-Interpreten gehört. Das Lied ist eine glühend depressive Apologie weiblicher Selbstbehauptung, deren Protagonistin dem Untergang ins Auge sieht, dem sie geweiht ist. Die ersten drei der sieben Strophen lauten:

There ain't nothing I can do, or nothing I can say
That folks don't criticize me
But I'm goin' to do just as I want to anyway
And don't care if they all despise me

If I should take a notion
To jump into the ocean
T'ain't nobody's bizness if I do, do, do, do.

If I go to church on Sunday
then just shimmy down on Monday
Ain't nobody's bizness if I do, if I do.

Der Sänger Jimmy Witherspoon hat das später in einer freien, wie in Zeitlupe vorgetragenen Adaption in eine universelle Absage an das *show business* als Lebensprinzip überführt. Wenn wir allen gefallen wollen, können wir uns nicht gefallen – und werden fallen.

Ethisch gesehen, steht für jeden von uns im Drama des Lebens eine Hauptrolle bereit. Ästhetisch gesehen, müht sich jeder mit einer Nebenrolle ab, selbst die, die in den sozialen und politischen Arenen eine Hauptrolle spielen. Theoretisch gesehen, ist die Bühne des Lebens mit lauter Komparsen bevölkert, die sehnlichst auf ihren Auftritt warten, nur um im entscheidenden Augenblick ihren Einsatz zu verpassen.

In Werner Schroeters Film *Abfallprodukte der Liebe* aus dem Jahr 1996, einer Hommage an die Oper und ihre Protagonistinnen, erinnert sich die Sopranistin Anita Cerquetti an ihre lange zurückliegende Karriere. Auf die Frage, wie es für sie war, auf der Bühne zu singen, antwortet sie: »Ich war allein. Wenn ich gesungen habe, habe ich vor allem für mich gesungen.« – »Nicht für irgendjemanden?« – »Zuerst einmal habe ich für mich gesungen. Gelang es mir nicht, für mich selbst zu singen, konnte ich nicht für die anderen singen.« Man singt für sich selbst, spielt für sich selbst, lebt und liebt für sich selbst, aus Impulsen, die man nur teilweise kennt, und kommt so den anderen nahe.

Die Zuschauer im Kino unterwerfen sich gemeinsam einem klangbildlichen Geschehen, auf das sie keinerlei Einfluss haben. Sie finden sich freiwillig zusammen, aus dem einfachen Grund, für zwei Stunden nichts weiter wollen zu wollen.
Ein Licht hiervon fällt auch auf das Schreiben. Mein Tag ist gerettet, wenn ich etwas anderes schreibe, als ich hätte schreiben wollen.

Eine Weile habe ich vor allem Musik gehört. Kein Jazzfestival war vor mir sicher. (In den wilden Zeiten gingen da noch vorwiegend junge Leute hin.) Die Performance aber, die mich von allen am meisten umgehauen hat, habe ich nicht live erlebt. Am Beginn meines Studiums hatte ich die Gewohnheit, jeden Samstag eine Kneipe namens *Schwarzer Walfisch* aufzusuchen, um dort bei Currywurst und Bier das *Aktuelle Sportstudio* zu verfolgen. Eines Abends, als der Bundesligaspieltag abgehandelt war, schaltete der aus Berlin stammende Kellner, der uns alle gut im Griff hatte, im Affekt auf eines der dritten Programme um, in dem ein Live-Mitschnitt des Quartetts von Ben Webster lief. Nach wenigen Takten drehte der Zeremonienmeister den Ton des kleinen Schwarzweißgeräts auf volle Lautstärke, was ansonsten streng verboten war. Die meisten im Lokal hatten keinen blassen Schimmer, wer der ein Jahr zuvor gestorbene Webster war, aber ausnahmslos alle waren davon gebannt, wie dieser alte Schwarze den Saal rockte. Den Kopf mit einem Allwetterhut bedeckt, unter dem er mit seinen müden Augen hervorblickte, saß Webster auf einem Stuhl und ließ sein Tenorsaxophon einen vibrierenden Rhythmus von Fauchen und Hauchen entfachen (wie es heute nur noch der 80-jährige Archie Shepp vermag). Es war, als sei der Musiker an ein Beatmungsgerät angeschlossen, das ihm Lebensenergie verlieh, indem er es mit dem Strom seines Atems betrieb.

Großereignisse sind selten große Ereignisse.

In der Ecke hinter meinem Schreibtisch steht seit langem ein Tenorsaxophon, das ich nicht spielen kann. Auf dem schwarzen Kasten, in dem es von rotem Samt umhüllt auf seine Befreiung wartet, lege ich diejenigen meiner Manuskripte ab, mit denen ich noch nicht fertig bin; auch eine Art, ein Instrument zu beherrschen.

»Das Werk ist die Totenmaske der Konzeption«, sagt Walter Benjamin; es hat die Form eines erstarrten Lebens. Die Umkehrung trifft ebenfalls zu: Die Konzeption ist eine

Totenmaske des Werks; in ihr ist das Werk noch nicht zum eigenen Leben erwacht.

Das Fesselnde bei Atelierbesuchen sind weniger die fertigen Objekte, so stark diese auch sein mögen, sondern die Stadien der erst entstehenden. Man steht vor Aggregatzuständen; man sieht keine Bilder, sondern Bildpotentiale. Begibt man sich danach in die Galerien, empfindet man eine Enttäuschung darüber, dass hier alles schon vollendet ist. Wenn es nicht unmöglich wäre, sollte man Maler dazu auffordern, ihre Werke in allen ihren Stadien auszustellen. Unmöglich ist das nicht aus arbeitsökonomischen, sondern aus ästhetischen Gründen: Das Duplizieren von Anfangs- und Zwischenzuständen, sobald es über ein blankes Kopieren hinausgeht, führt unvermeidlich zu einer Pluralisierung dieser Werkphasen; jede noch so winzige Abweichung erzeugt ein divergentes Kraftfeld. (Manches Œuvre freilich erweist sich im Rückblick als eine einzige, über Jahrzehnte andauernde Werkphase.) Dank akribischer Editionen ist das lesende Publikum in dieser Sache besser dran: Es kann sich in den Fassungen verlieren, die ein Gedicht oder Roman lange vor seinem Erscheinen durchlaufen hat.

Philosophie ist eine Disziplin zwischen Literaturwissenschaft und Literatur. Ihre Texte sind aus der Lektüre von Texten gemacht, die von ihren Lesern in eine neue Sprache übertragen worden sind, die von deren Lesern – anders als bei der Literatur – wieder in die eigenen Worte übersetzt werden will.

Allseits beliebt ist die Frage nach dem Sinn des Lebens, aber die nach dem Sinn der Sprache tut es auch. Diese hat den Vorteil, dass sie sich im Unterschied zu jener beantworten lässt. Die Sprache macht uns mit der Weite der Welt bekannt. Sie lässt uns denken, wie und woran sonst nicht zu denken wäre. Sie hält uns die Gegenwart für Vergangenheit und Zukunft offen. Sie lässt uns sehen, was wir sonst nicht sehen, hören, was wir sonst nicht hören, schmecken, was wir sonst nicht schmecken, riechen, was wir sonst nicht riechen, und fühlen, was wir sonst nicht fühlen könnten. Sie lässt uns miteinander vertraut und füreinander fremd werden, wie es sonst nicht zu haben wäre. Sie lässt uns versprechen und verzeihen, lügen und betrügen, zweifeln und verzweifeln. Mehr kann man nicht verlangen.

Bei der Sprache weiß man immerhin, was es mit Sinn und Bedeutung auf sich hat – so scheint es jedenfalls. Wörter haben ihre Bedeutung in ihren verästelten Abgrenzungen voneinander sowie in ihrem potentiellen Beitrag zu dem Sinn von Sätzen, die ihrerseits in verästelten Beziehungen zueinander stehen. Doch würden wir uns mit dieser Erklärung zufriedengeben, würden wir uns mit einem ärmlichen Begriff und einer armseligen Theorie der Sprache begnügen. Wir hätten nur die buchstäbliche Rede im Auge und nicht ihre unzähligen figürlichen Formen. Wir würden nur vom inneren und äußeren Sprechen sprechen und nicht vom Schweigen. Wir hätten über dem Gesagten und Gedachten das Ungesagte und Ungedachte vergessen, das in aller Sprache mitschwingt. Wir hätten nur die verbale Kommunikation im Blick, nicht aber Intonation, Gestik, Mimik und die übrigen Choreografien der Körpersprache. Wir hätten kein Auge und Ohr für das bildliche und musikalische Denken, das sich von dem begrifflichen absetzt wie dieses von jenem. Wir hätten nicht verstanden, warum das sprachliche Bewandertsein, obwohl es bei weitem nicht alles ist, was die menschliche Weltkenntnis ausmacht, all unsere Bekanntheit mit der Welt imprägniert.

In Paragraph 531 seiner *Philosophischen Untersuchungen* schreibt Wittgenstein:
»Wir reden vom Verstehen eines Satzes in dem Sinne, in welchem er durch einen andern ersetzt werden kann, der das Gleiche sagt; aber auch in dem Sinne, in welchem er durch keinen andern ersetzt werden kann. (So wenig wie ein musikalisches Thema durch ein anderes.)
Im einen Fall ist der Gedanke des Satzes, was verschiedenen Sätzen gemeinsam ist; im andern, etwas, was nur diese Worte, in diesen Stellungen, ausdrücken. (Verstehen eines Gedichts.)«
Jemand müsste sich mal an einem Remake der *Philosophischen Untersuchungen* versuchen, das den Gedanken des Gedankens aus dem Gehege seiner mitleidlosen Dompteure befreit und ihn in die Wildnis des sprachlichen Lebens entlässt.

(Dieses Buch ist ein Skizzenbuch; es besteht aus Bücherskizzen.)

Von der Prosa zur Poesie: So verläuft, wenn es überhaupt so weit kommt, mit wenigen Ausnahmen das Nachdenken über die Sprache. Man könnte diese Richtung aber auch umkehren. Dann würde man nicht mit der Betrachtung vermeintlich unmissverständlicher Sätze wie »Der Morgenstern ist der Abendstern« oder »Schnee ist weiß« beginnen, die in philosophischen Kreisen durch Gottlob Frege und Alfred Tarski berühmt geworden sind, sondern bei einer literarischen Geste wie »Nothing ever looks emptier than an empty swimming pool«, die sich in Raymond Chandlers Kriminalroman *The Long Goodbye* findet, ein Satz, den Peter Handke in der Übersetzung »Nichts ist leerer als ein leeres Schwimmbecken« seinem Metakriminalroman *Der Hausierer* als Motto vorangestellt hat. Oder man ließe diese fiktive Studie gleich mit einer Analyse des Klangbilds anfangen, mit dem Handke in seinem *Versuch über die Jukebox* die Magie dieser Maschine in Erinnerung ruft: »Auf einmal, nach einer Plattenwechselpause, die, mitsamt ihren Geräuschen – dem Klicken, dem Suchsurren, hinwärts und herwärts durch den Gerätbauch, dem Schnappen, dem Einrasten, dem Knistern vor dem ersten Takt –, gleichsam zum Wesen der Jukebox gehörte, scholl von dort aus der Tiefe eine Musik, bei der er zum ersten Mal im Leben, und später nur noch in den Augenblicken der Liebe, das erfuhr, was in der Fachsprache ›Levitation‹ heißt, und das er selber mehr als ein Vierteljahrhundert später wie nennen sollte: ›Auffahrt‹? ›Entgrenzung‹? ›Weltwerdung‹?« Diesem Satz könnte die schwindelerregende, in ihrem sich unterbrechenden Rhythmus verwandte Sentenz aus der zweiten Vorrede zur *Kritik der reinen Vernunft* zur Seite gestellt werden, mit der Kant den Kosmos der herkömmlichen

Metaphysik aus den Angeln gehoben hat: »Es ist hiermit eben so, als mit den ersten Gedanken des Kopernikus bewandt, der, nachdem es mit der Erklärung der Himmelskörper nicht gut fort wollte, wenn er annahm, das ganze Sternenheer drehe sich um den Zuschauer, versuchte, ob es nicht besser gelingen möchte, wenn er den Zuschauer sich drehen, und dagegen die Sterne in Ruhe ließ.«

Hätte Kant seinen Gedanken der kopernikanischen Wende in der Metaphysik nicht in einem Satz à la Handke präsentiert, würde heute kein Hahn danach krähen.

Von der Poesie zur Prosa: Wen poetische Gedanken kaltlassen, wird sich auch für philosophische nicht erwärmen können; wer unter Gedanken nur Gehalte versteht, deren Formulierungen sich kostenlos austauschen lassen, verliert das Gehör für die Tonlagen des sprachlichen Sinns – und damit für die Kosten selbst der kleinsten Transposition. Gewiss, die Sätze »Schnee ist weiß« und »Snow is white« enthalten denselben Gedanken. Wenn sich jedoch die Stellung der Worte selbst in so einem simplen Satz zusammen mit seiner Stellung unter den benachbarten Sätzen verändert, ist das oft nicht mehr der Fall. Sobald sie in einer Gedichtzeile vorkommen oder bei einer Winterwendfeier gesprochen werden, haben die Sätze »Der Schnee ist weiß« und »Weiß ist der Schnee«, obwohl ihre Wahrheitsbedingungen weiterhin identisch sind, nicht mehr dieselbe Bedeutung. Aber wer kann sicher sein, wie sich die Kosten und Unkosten sprachlicher Transaktionen gemäß ihrer tagesaktuellen Wechselkurse zueinander verhalten?

Ein Satz ergibt den anderen: So verhält es sich mit dem Gang der poetischen Rede nicht weniger als in der Prosa der Argumentation. Eine Logik des *sequitur* oder *non sequitur* gilt für beide; was aufeinander folgt, muss auseinander folgen – sei es mit wahrheitserhaltender, sei es mit einer anderen Art kombinatorischer Konsequenz.

Durch Schlussfolgerungen miteinander verbundene Argumente zielen auf eine möglichst plausible Konklusion. Auf ein möglichst stimmiges Arrangement zielen auch die Kompositionen poetischer Rede. Doch was hier folgerichtig ist, entsteht ganz anders: im Hören auf das, was die vorhergehenden Sätze haben anklingen lassen, auf ein Wort, ein Timbre, ein Tempo, einen Puls, eine Phrasierung, eine Pause, aber so, dass das, was jetzt kommt, gerade nicht zwingend aus dem Bisherigen folgt, sondern jedes Mal ein wenig oder völlig anders hätte ausfallen können.

Gedichte sind Zusammenstellungen von Worten, in denen alles so ist, wie es sein soll. Sie sind, was sie sagen, und sagen, was sie sind. Gedichte sind Sätze ohne das überflüssige Drumherum. In das Gedicht kann alles hinein, aus ihm kann alles heraus. Gedichte haben keine feste Form. Sie sind Texte ohne Anfang und Ende.

Kunstgerechte Poesie kommt ohne Elemente der Logik nur selten aus. Schulgerechtes Argumentieren verträgt vielerlei Elemente der Poesie und bedarf ihrer, wenn die Überlegung ihre Adressaten zum Mitgehen und Mitdenken animieren soll. Ohne rhetorische Finessen geht hier wie dort gar nichts.

Es sind nicht die ordnungsgemäßen Überleitungen und Ableitungen, die einen Text sprechend machen, sondern die Übergänge und Umsprünge, in denen er sich und mit denen er uns bewegt.

Seinem 1793 erschienenen Roman *Die unsichtbare Loge* hat Jean Paul die Erzählung *Leben des vergnügten Schulmeisterlein Maria Wutz in Auenthal. Eine Art Idylle* beigegeben. Der ebenso bettelarme wie wissbegierige Held dieser Geschichte hat keine anderen Bücher zur Verfügung als die Kataloge der Leipziger Buchmesse, in denen lauter Kostbarkeiten angeboten werden, die er sich nicht leisten kann. Also macht er sich in Akten dilettantischer Produktpiraterie daran, Texte, die er gern gelesen hätte – unter ihnen Rousseaus *Bekenntnisse*, Goethes *Werther*, Lavaters *Physiognomische Fragmente*, die *Kritik der reinen Vernunft* und Schillers *Räuber* – von eigener Hand nachzubilden. Schreibende sind Leser, die in Worte zu fassen versuchen, was sie gerne gelesen hätten.

Eine andere Form des kreativen Plagiats bringt Jorge Luis Borges in seiner Erzählung *Pierre Menard, Autor des Quijote* ins Spiel. Der französische Literat dieses Namens, so heißt es in dieser im Stil eines philologischen Kommentars gehaltenen Fiktion, habe sich am Ende seines Lebens (in den dreißiger Jahren des zwanzigsten Jahrhunderts) daran gemacht, einen kanonischen Roman aus dem frühen 17. Jahrhundert nochmals zu verfassen. »Er wollte nicht einen anderen Quijote verfassen, was leicht ist – sondern *den* Quijote. Unnütz hinzuzufügen, daß er keine mechanische Übertragung des Originals ins Auge faßte; einer bloßen Kopie galt nicht sein Vorsatz. Sein bewundernswerter Ehrgeiz war vielmehr darauf gerichtet, ein paar Seiten hervorzubringen, die – Wort für Wort und Zeile für Zeile – mit denen von Miguel de Cervantes übereinstimmen sollten.« Das Unterfangen, so lautet das Fazit des Kommentators, denselben klassischen Text nach langer Zeit noch einmal hervorzubringen, bringt nicht dasselbe Werk noch einmal hervor. Denn die neue Version, auch wenn sie buchstabengetreu mit der alten übereinstimmt, steht – wie jede aktuelle Lektüre eines älteren Werks der Literatur oder der Philosophie – in einer völlig anderen Relation zu dem Kosmos ihrer ersten Hervorbringung. Jede Wiederholung verleiht dem Wiederholten einen anderen Sinn.

Auch in der Schriftstellerei diesseits der Fiktion sind Remakes und andere Arten der Anverwandlung gang und gäbe. Hegels *Phänomenologie des Geistes* und Schopenhauers *Die Welt als Wille und Vorstellung* sind *cover versions* der *Kritik der reinen Vernunft*. Der junge Nietzsche schreibt sich einen Schopenhauer mit umgekehrten Vorzeichen zurecht. Heideggers Abhandlung *Der Ursprung des Kunstwerkes* ist ein eigenbrötlerisches *précis* der Hegel'schen *Vorlesungen über die Ästhetik*. Sartre, Levinas und Derrida übermalen je auf ihre Weise Heideggers *Sein und Zeit*. Jürgen Habermas' *Theorie des kommunikativen*

Handelns legt die Farbe in Adornos *Negativer Dialektik* frei. Robert Brandom amalgamiert Hegels *Phänomenologie des Geistes* mit Wittgensteins *Philosophischen Untersuchungen* – usw. Wie in Musik, Malerei oder Film geht es bei derlei Adaptionen nicht um Fairness gegenüber den Vorlagen. Die Jüngeren behandeln die Werke ihrer Vorgänger als Drehbücher für das eigene Kino, insgeheim wissend (und vielleicht sogar hoffend), dass dieses den Stoff für die nächste *nouvelle vague* bereithalten wird.

»Theorien sind Monster.« Diesen Slogan entdecke ich auf der Rückseite eines Bändchens von Jacques Derrida. In dem kunstvoll schlingernden Vortrag aus dem Jahr 1987, der sich dort abgedruckt findet, kommt eine derartige Sentenz zwar nicht vor, wohl aber der Hinweis, dass die handelsüblichen Theorien in ihrer Verstrickung miteinander etwas »Monströses« haben, weil jede von ihnen aus Kombinationen von Denkfiguren besteht, anhand deren man glaubt, sie säuberlich auseinanderhalten zu können. Das Unterscheidungsgemenge inspirierender Theorien torpediert ihre zuverlässige Unterscheidbarkeit.

Nicht die schlechteste Stellenbeschreibung hauptamtlich Philosophierender wäre es, von ihnen werde erwartet, die Philosophien, mit denen sie sich befassen, gegen ihre orthodoxen Lesarten zu verteidigen – Hegel gegen die Hegelorthodoxie, Nietzsche gegen seine Jünger (und »Jüngerinnen«, wie es in heutigen Gottesdiensten heißt), Wittgenstein gegen die Regelianer, Adorno gegen die Adorniten, Derrida gegen den Dekonstruktivismus usw.

Die Tragik bei der Herstellung ausgreifender Theorien liegt darin, dass diejenigen, die sie verfertigt haben, sich zu ihren Lebzeiten nicht gegen die Banalisierung ihres Denkens schützen können. Diese Aufgabe bleibt den Nachgeborenen vorbehalten. Doch Ausnahmen gibt es: Eine Montaigne-Orthodoxie ist mir nicht bekannt.

Im Vorwort seines Buchs über *Wittgenstein on Rules and Private Language* schreibt Saul Kripke, er habe nicht vor, Wittgensteins Auffassung zu präsentieren, sondern »Wittgenstein's argument as it struck Kripke«. So darf, so soll, so muss es sein.

Wer einem starken Buch (gleich welcher Art) in einer starken Form gerecht werden will, darf ihm nicht gerecht werden wollen. Aber gilt diese höhere Form der Gerechtigkeit nicht auch unter Menschen, getreu der Maxime Adornos, »Ungerechtigkeit ist das Medium wirklicher Gerechtigkeit«?

Wie in Musik und Malerei ist es auch in der Philosophie eine bewährte Praxis, Vorbilder gegen den Strich zu bürsten. Bei derartigen Reprisen geht es nicht um eine Abrechnung mit bekannten Vorlagen, sondern im Gegenteil darum, ihnen Lobreden auf Phänomene zu entlocken, für die sie an der Oberfläche nur Geringschätzung äußern. Man könnte einen dicken Wälzer nach diesem Prinzip zusammenstellen. Mögliche Kapitel wären: Platons Apologie der Literatur; Aristoteles' Apologie des Lasters; Humes

Apologie der Vernunft; Kants Apologie der Begierde; Hegels Apologie der Ironie; Nietzsches Apologie der Tugend; Heideggers Apologie der Aussagenwahrheit; Adornos Apologie des Jazz; Wittgensteins Apologie des Erlebens; Derridas Apologie der Hermeneutik; Habermas' Apologie des strategischen Handelns; Seels Apologie des Rechthabenwollens.

Philosophieren ist ein wenig wie die Beschäftigung mit *Rubiks Zauberwürfel*, jenem 1980 herausgekommenen, aus 26 farbigen Steinen bestehenden Kubus, dessen Benutzer die Aufgabe haben, die Anordnung der Steine so lange zu variieren, bis seine sechs Seiten homogene Flächen in Rot, Gelb, Blau, Weiß, Orange und Grün aufweisen. Im Unterschied zu diesem Solitärspiel kommt der dialogische, für beliebig viele Spieler ausgelegte Zeitvertreib der Philosophie niemals bei einer endgültigen Anordnung seiner Farbskala an.

26 Einheiten hat auch das deutsche Alphabet. Man kann die Sprache ein Leben lang drehen und wenden, ohne je zu einer richtigen Konfiguration zu gelangen.

»Konstellatives Denken« nennt Adorno einen Stil des Schreibens, der seine Leitbegriffe in ein beziehungsreiches Spiel mit offenem Ausgang versetzt, auch wenn er hiermit wegen übermäßigen Hegelkonsums nur selten Ernst gemacht hat.

Jener Würfel muss die Inspiration gewesen sein für den Film *Cube* eines gewissen Vincenzo Natali aus dem Jahr 1997, der eine kleine Gruppe von Figuren in einem Irrgarten von 17 576 beweglichen, mit teuflischen Fallen ausgestatten Kuben in einem riesigen Kubus zusammenführt, was für nahezu alle Beteiligten ein tödliches Ende nimmt. Nur der eine Verrückte findet am Ende den Ausgang in das Licht eines gleißenden Weltraums, in dem auch er endgültig verloren sein wird. (Wie schon Platons Höhlengleichnis lehrt, sind die Menschen allein für eine Existenz in Licht und Schatten gemacht.)

Die Literatur des 20. Jahrhunderts ist von vielerlei denkenden Helden bevölkert. Man denke an Ulrich und Agathe in Musils *Der Mann ohne Eigenschaften*, an die Figur des René von Stangeler in Heimito von Doderers Romanen *Die Strudlhofstiege* und *Die Dämonen*, an Becketts *Namenlosen* und an nicht wenige der Hauptfiguren in Thomas Bernhards Romanen, vor allem an die Wittgensteins Persona nachgebildete Gestalt des Roithamer in seinem Roman *Korrektur*. Der Kunstgriff bei Bernhard besteht darin, in der Musik seiner Sprache mehr oder weniger desaströse Denkprozesse aufzuführen, ohne dabei Gedankenprozesse vorzuführen. Man hört verstiegenen Geistern beim Denken zu, ohne sich einen Reim auf die Abfolge ihrer Gedanken machen zu können. Die Denkbewegung überschwemmt alles in ihr Gedachte. In der Philosophie geht das nicht. Denkprozesse müssen hier den Weg über Gedankenprozesse nehmen, die wenigstens halbwegs verständlich sind. In den großen philosophischen Schriften geschieht dennoch beides zugleich. Ihre

Gedanken bewegen sich in einem Strom des Denkens, der sie – wie einst Kolumbus – an Gestade führt, die gar nicht hatten erreicht werden sollen.

Anders verfährt J. M. Coetzee mit seiner Heldin Elizabeth Costello. Deren Gedanken werden akribisch mitgeteilt, aber so, dass man weder weiß, was von ihnen zu halten ist, noch was der Autor von ihnen hält.

Die stärksten Gedanken überleben als Strandgut der gescheiterten Hoffnungen der mit ihnen bestückten Expeditionen. Von findigen Sammlern werden sie an den Ufern der Meere aufgelesen und erneut den Fluten ausgesetzt, um früher oder später an fernen Gestaden zu stranden, womit das Spiel von vorn beginnt.

In einer Radiosendung höre ich Markus Lüpertz über seine Oper *Krematorium*, aus der er einen Auszug einspielen lässt, sagen: »Ich finde sie, wie immer, wenn ich etwas mache, hervorragend.« Im Kontrast zu den wohlfeilen Demutsgesten, mit denen Leute, die es zu etwas gebracht zu haben glauben, in der öffentlichen Rede hausieren gehen, hat das seinen Charme, doch die Umkehrung eines für eine Tugend gehaltenen Lasters macht allein noch keine Tugend.

Das 15. Buch von Henry Fieldings Roman *Tom Jones* aus dem Jahr 1749 beginnt mit den Sätzen: »Es gibt eine Klasse von theologischen, oder vielmehr moralischen Schriftstellern, die lehren, die Tugend sei der sichere Weg zum Glück und das Laster sei der sichere Weg zum Verderben in dieser Welt. Eine sehr bekömmliche und beruhigende Theorie, gegen die wir nur den einen Einwand haben, dass sie nicht wahr ist.« Dergleichen sichere Wege gibt es nun einmal weder im Denken noch im sonstigen Handeln. Ab 1913 macht Proust die Irrungen und Wirrungen der Tugenden zu einem durchgehenden Strang seines Romanwerks. Fast jede Figur sieht sich von Partikeln einer Tugendlehre umschwirrt, »wie in den Chansons de geste, wo alle Tugend und Anmut in der Schwester grausamer Gesellen verkörpert ist«. Die Dienerin Françoise weiß ihr Mitgefühl äußerst selektiv zu verteilen, Monsieur de Norpois bemerkt maliziös, der Weg zur Hölle sei nun einmal mit guten Vorsätzen gepflastert, anlässlich der Neigungen des Baron de Charlus kommt dem Erzähler in den Sinn, nichts sei »beschränkter als Lust und Laster«, »Zweifel an der Tugend Albertines« begleiten Marcel seit dem Beginn seiner Affäre mit ihr, nach deren Ende er zu dem Schluss kommt, »daß jeder von uns nicht ein einziger, sondern eine Unzahl von Personen ist, die nicht den gleichen moralischen Wert besitzen, und daß die Existenz der lasterhaften Albertine gleichwohl nicht hinderte, daß es auch andere in ihr gab«. Ein andermal heißt es: »Vielleicht kann sich nur in einem Leben, das wirklich lasterhaft ist, das Problem der Moral in seiner ganzen beängstigenden Schwere stellen.« Dieser Satz aber ist kein Lehrsatz, kein Baustein eines Theoriegebäudes, sondern eine Geste innerhalb einer Digression über den Schriftsteller Bergotte, der zu weiteren Sätzen führt, die zu nichts weiter führen als dazu, im Gewebe ihrer Folge unterzugehen und sich in ganz anderem Zusammenhang wieder in Erinnerung zu rufen.

Prousts *Recherche* enthält nebenbei die gründlichste je unternommene Phänomenologie der zugleich hemmenden und heilenden Macht der Gewohnheit. Zu einer Abhandlung fügen sich auch diese Betrachtungen nicht. Eine ausdrückliche Produktwarnung hält das fest: »Ein Buch, das Theorien enthält, ist wie ein Gegenstand, an dem noch das Preisschild hängt.« In den Sinn kommt dem Erzähler diese Bosheit während seiner theoretischen Überlegungen in der Mitte des letzten Bandes, die allein deshalb nicht als Lektüreanweisung für den Roman aufgefasst werden dürfen. Die ihm aus dem Mund seiner Hauptfigur eingegebene Theorie seiner selbst bleibt Spielmaterial für das Denken von Leserinnen und Lesern, deren Lust am Text nicht im Geringsten davon abhängig ist, diese Theorie für zutreffend zu halten.

Prousts wie eine Seifenoper in Szene gesetzte Darstellung der untergehenden Welt des Adels ist schon eine Synthese aus Hommage und Karikatur, wie wir sie heute aus Quentin Tarantinos Filmen kennen.

»Doktor Klaus kannte tausende von kleinen und großen Pflichten, und es mochte bisweilen den Anschein tragen, als sehne er sich nach noch mehr Pflichten. Er war einer von den Menschen, die sich, aus Pflichterfüllungsbedürfnis, in ein ganzes, beinahe zusammenstürzendes Gebäude von lauter sauren Pflichten stürzen, aus Angst, es möchte vorkommen, daß ihnen eine geheime, wenig bemerkbare Pflicht davonliefe.« Doktor Klaus ist der durch und durch seriöse ältere Bruder des flatterhaften Erzählers in Robert Walsers Roman *Geschwister Tanner.* Die Erfüllung jeder noch so unerheblichen, von ihm selbst oder von anderen auferlegten Pflicht verschafft ihm eine perverse Befriedigung, die ihn von der Abarbeitung aller anderen abhängig macht. Er befreit sich von der einen, nur um sich in die Gefangenschaft der nächsten zu begeben. Wie andere Süchtige kennt er keinerlei Maß. Nicht Religion, Pflichtversessenheit ist das Opium des Volkes.

Manchen, die dauerhaft krank sind, wird ihre Krankheit zu einer Lebensaufgabe, wie sie vorher keine hatten. Anstatt sich pflegenden Händen anzuvertrauen, machen sie sich zu Experten ihres Leidens. Nur in der Erforschung ihres Unwohlseins lassen sie es sich noch wohl sein. Nicht mehr das Leben, nur noch das Weiterleben zählt. Endlich kein Pensum mehr – endlich nur noch dieses eine Pensum.

Jede Aufgabe ist ein Aufgeben, jedes Aufgeben eine Aufgabe.

Dass man nicht aufgeben solle, dass es nach den Worten des Propheten Oliver Kahn »weiter, immer weiter« gehen müsse, ist zur Minimalmoral des modernen Lebens verkommen.

»Ich gebe auf«: Diese Geste ist das Fundament der Selbsterhaltung. Könnten wir nicht aufgeben, hätten wir uns längst aufgeben müssen.

Die Befriedigung, etwas Lästiges erledigt zu haben, kann darin bestehen, etwas Gutes, etwas gut oder einfach, es getan zu haben – oder in all dem zugleich. (Bigotterie: Sich allein schon wegen des bloßen Getanhabens für gut zu halten.) Man ist des Pensums ledig und wäre für Befriedigenderes frei, wenn nicht schon das nächste lauerte. Die Lust daran, das Lästige überstanden zu haben, erzeugt die Last, nur daran noch Lust zu haben.

Gegen den Tick, sich jedes beliebige Pensum bloß wegen des Pläsiers seiner Erledigung aufzuladen, hilft ein einfacher Trick: sich etwas vorzunehmen, das einen zwingt, die Energien zu verschwenden, die man sonst auf unverdächtige Ziele verwendet. Zur Not tun es ein paar abschweifende Zeilen am Tag.

Lästige Rituale sind keine. Ist es doch der Sinn von Ritualen, sich eines Sinns zu vergewissern, dem keinerlei Zweck zugrunde liegt.

In J.M. Coetzees autobiografischer Trilogie *Scenes from Provincial Life*, die von seinem Leben in der dritten Person erzählt, werden seine Jahre als junger Mann als ein »Zeittotschlagen« beschrieben, ein Motiv, das bei der

Begegnung mit einem früheren Schulkameraden wieder aufgenommen wird. »David Trescott, der *x* und *y* nicht begriff, ist also ein erfolgreicher Marketingleiter, während er, der ohne Mühe *x* und *y* und noch vieles mehr begriff, ein arbeitsloser Intellektueller ist. Was sagt das über den Lauf der Welt? Offenbar sagt es am deutlichsten, dass der Weg, der über Latein und Algebra führt, nicht der Weg zu materiellem Erfolg ist. Aber es sagt vielleicht noch mehr: dass es Zeitverschwendung ist, Dinge zu begreifen; dass man, wenn man Erfolg in der Welt und eine glückliche Familie, ein nettes Zuhause und einen BMW haben will, nicht versuchen sollte, Dinge zu begreifen, sondern einfach Zahlen addieren oder Knöpfe drücken oder sonst tun sollte, wofür Marketingleiter so reich entlohnt werden.«

Ich kenne keine gegenüber ihrem Protagonisten mitleidlosere Autobiografie als diese, doch ihre Leser wissen, dass sie das Werk eines Nobelpreisträgers in Händen haben.

Gelingen geht nur übers Scheitern. Man kann zwar nicht scheitern wollen, aber weder im Spiel noch im Ernst etwas Ernsthaftes wollen, ohne ein Scheitern in Kauf zu nehmen – und in diesem Sinn scheitern zu wollen.

Zeitverschwendung heißt die Autobiografie von Paul Feyerabend. In der Rückschau fällt auf, mit wie viel Vergeblichem, Unsinnigem und purem Blödsinn wir unsere Lebenszeit verbracht haben. Zu einer negativen Lebensbilanz berechtigt das nicht. Denn wer seine Zeit nicht zu verschwenden wusste, wird sie nicht zu verwenden wissen. Es sind die vertändelten Phasen des Lebens, von denen her ein Wind weht, der uns die erstaunlichsten Kehrtwenden vergönnt.

In seiner komischen Sprechoper *Aus der Fremde* für drei Stimmen lässt Ernst Jandl sein Alter Ego in der dritten Person Konjunktiv von den Leiden eines Schriftstellerlebens psalmodieren. Eine Kaskade dreizeiliger Strophen gibt den Rhythmus seiner Litanei vor:

111
er beklage
die fruchtlosigkeit
seiner papierenen tage

112
ein dramatisches fragment
dessen stupidität
nicht zu übertreffen sei

113
hier die zerlegung
in »moos« und »kau«
das resultat seiner moskaureise

114
dies jage ihn
zum schreibtisch
er fege ihn frei

Wer auf Reisen nur das aufnimmt, was aus der Ferne schon absehbar war, hätte auch zuhause bleiben können. Erbaulicher ist es, sich den Wonnen des Abseitigen hinzugeben und die Blumen des Banalen zu pflücken.

Das Ergebnis meiner Tokioreise (ich hatte *Das Reich der Zeichen* von Barthes gelesen, eine Improvisation über japanische Schrift- und Bildwelten, und mir allerhand theoriefähige Erleuchtungen erhofft) war die Entdeckung der fast vollständigen Abwesenheit von Mülleimern und Papierkörben in dieser Stadt. Was ich in der Nähe einer der Universitäten für einen Abfallbehälter hielt, den ich voller Zuversicht ansteuerte, erwies sich als eine Einrichtung zur Rückgabe ausgeliehener Bücher. In der Stadtbahn beobachtete ich eine elegant gekleidete Frau, die auf dem Sitz neben ihr den Rest einer Verpackung bemerkte, woraufhin sie eine durchsichtige Plastiktüte aus ihrer Handtasche nahm, in der sie, als wäre sie an einem Tatort, allerdings unter Verzicht auf Laborhandschuhe, den Überrest sicherstellte und sorgfältig verstaute. Neben meinem Hotel sah ich einen jungen Mann, der seinen Mundschutz ans Kinn geschoben hatte, um in Ruhe eine zu rauchen.

Auf einem Bahnhof in Deutschland fand ich einen japanischen Familienvater damit beschäftigt, mit seiner Handycam den Raucherbereich auf dem Bahnsteig zu filmen. »Faszinierend«, wird er sich gedacht haben. So jedenfalls hätte der Halb-Vulkanier Spock aus der Serie *Star Trek* reagiert, hätte es ihn auf seinen Reisen durchs Universum je auf einen deutschen Bahnhof verschlagen. Für logisch denkende Lebewesen rätselhaft sind die dort überall zu lesenden Gebote allemal. Unter der Überschrift »Rauchfreier Bahnhof« lässt die Deutsche Bahn verlauten: »Zur Verbesserung der Sauberkeit und aus Rücksichtnahme auf Nichtraucher ist das Rauchen in diesem Bahnhof grundsätzlich nicht gestattet. Bitte benutzen Sie die gekennzeichneten Raucherbereiche.« Es soll Reisende geben, die es bedauern, auf ihrer Fahrt nicht weiteren Prosagedichten zu begegnen.

»Da wir heute aufgrund einer Baustelle eine lange Fahrt nach Frankfurt haben«, ließ neulich ein Zugchef seine Fahrgäste über Lautsprecher wissen, »stehen wir gerade für einige Minuten planmäßig« – der Sprecher zögerte, kam aber an der Wahrheit, die ihm statt der vorgefertigten Floskeln auf der Zunge lag, nicht mehr vorbei – »rum.« Planmäßiges Rumstehen: Anstatt die Bahn deswegen dem Gespött auszuliefern, wie es eine Lieblingsbeschäftigung ihrer schlechtgelaunten Kunden ist, sollte man anerkennen, dass es sich hierbei um eine eminente Kulturleistung handelt, die der Bahnfahrt als Metapher eine weitere Facette verleiht.

»Einen Moment bitte«, sagt die neue Bedienung an dem Stand, an dem ich meinen Kaffee und das Mineralwasser für unterwegs zu kaufen pflege, jedes Mal, auch wenn dort gar nichts los ist. Ich war gewohnt, von einem älteren Herrn empfangen zu werden, der mir das Gewünschte ohne Aufforderung bereitstellte; Akte des zivilen Widerstands gegen eine miserable Entlohnung gehörten nicht zu seinem Repertoire.

Da ich mein Leben vorwiegend in Zügen und folglich an Bahnhöfen verbringe, bin ich den Verlockungen des Theaters nicht allzu sehr zugetan. Ein von unsichtbarer Hand inszeniertes Happening mit realen Protagonisten bietet sich hier überall. Man kann auf den Bahnsteigen jederzeit den Standpunkt, oder im Zug, wenn die Konversationsgefahr zu groß wird oder der Frohsinn überhand nimmt, den Sitzplatz wechseln. In Notfällen lässt sich mit portabler Musik eine unsichtbare spanische Wand errichten, was der Szenerie sogleich eine verwandelte Atmosphäre leiht, als hätte man sich von einem Film in einen anderen gezappt. So gerüstet, muss man nur wach sein und schauen, wie sich die eigenen Perspektiven auf die Welt wie von selbst verändern. Eine bessere Schreibgelegenheit als fahrende Züge kenne ich nicht.

Flugreisen sind wenig digressionstauglich und daher nach Möglichkeit zu vermeiden. Manchmal aber lohnt es sich doch. Noch im Jetlag fuhr ich vor bald zehn Jahren in einem öffentlichen Bus durch die disparate Landschaft Mexico Citys nach Teotihuacán im Nordosten, einer von den noch erhaltenen Pyramiden überragten Stadtanlage, die vor 1500 Jahren einmal die größte in ganz Amerika war. (29 Jahre zuvor war ich – ebenfalls *jet-lagged* – schon einmal in Teotihuacán gewesen, konnte mich aber nur an den mit irrsinnigem Hunger verbundenen Kopfschmerz erinnern, der mich dort befallen hatte.) Was von dieser

Stadt übrig ist, sieht wie eine von künstlicher Hand geschaffene Nachbildung der sie umgebenden Landschaft aus. Während ich zum zweiten Mal aus den dicht besiedelten, zunehmend schäbigen Bezirken der heutigen Stadt in die längst verlassene fuhr, wollte ich im Gemurmel der mir unverständlichen Gespräche der Einheimischen schlafen, kam aber lediglich ins Dösen und begann, halb schlafend, halb wachend, ein aus lauter Vorworten zu ungeschriebenen Texten bestehendes Buch zu phantasieren – so eins, wie dieses eins geworden wäre, hätte ich mit der Serie von Vorworten nicht bereits nach wenigen Seiten Schluss gemacht. Als ich zurück in das Haus meines Freundes kam, schrieb ich rasch, anstatt mich vor der anstehenden Party auszuruhen, denn um den Schlaf war es, auch wegen des Aufenthalts in einer weit entfernten Menschheitsepoche, geschehen, die Rohfassung eines Vorworts zu dem imaginären Buch aus Vorworten, in dem es für ein Vorwort eigentlich gar keinen Platz hätte geben können. Aber ein Anfang war gemacht, oder nicht einmal gemacht, sondern geschehen, mir geschehen, auf eine Weise, die kein Veto mehr zulassen würde, auch wenn ihm nicht vorherbestimmt war, wohin er einmal führen sollte.

In seinen Gesprächen mit François Truffaut berichtet Hitchcock von seiner Gewohnheit, auf dem Nachttisch einen Block liegen zu haben, um dort sogleich die Eingebungen für künftige Filme notieren zu können, die ihm im Traum hätten kommen können. Eines Nachts war es so weit. Er hatte den zündendsten Traum seit Jahren, wachte kurz auf, wälzte sich auf die Seite, hielt ihn fest und schlief weiter, nur um am nächsten Morgen den Eintrag »boy loves girl« zu finden.

Beim Dösen immerhin bleibt uns ein kleiner Rest der Einmischung in die Ausschweifungen unserer Imagination. Im Genuss unserer Müdigkeit hält es uns bereit für Eingebungen, die uns im Wachsein nie gekommen wären.

In einem Traum, in dem aus Gründen, an die ich mich nicht erinnere, falls es sie überhaupt gab, Oskar Lafontaine und das Saarland eine Rolle spielten, bekam ich ein Manuskript in die Hände, das ich als mein eigenes erkannte, ein *work in progress*, das ich aus den Augen verloren hatte. Das Fragment hatte die Form eines zwischen Poesie und Prosa schwankenden, ungereimten Langgedichts, es sah aus wie das Epos *Paterson* von William Carlos Williams, zu dem Jim Jarmusch dieser Tage ein ingeniöses filmisches Pendant geschaffen hat. Ich konnte die Auszüge aus meinem liegen gelassenen Opus zwar nicht lesen – immer, wenn ich im Traum Texte zu lesen versuche, verschwimmen deren Buchstaben bis zur Unkenntlichkeit –, aber das Bild meiner mir unbekannten Sätze wies mir den Weg in ein gelobtes Land. Im Moment des Aufwachens glaubte ich zu wissen, wie ich künftig zu schreiben hätte. (Ähnlich könnte es Bert Brecht ergangen sein, bevor er sich daran machte, das kommunistische Manifest in Hexameter zu übersetzen, auch ein Werk, das nie zustande kam.)

Der subtilste unter den Abiturträumen, die ich immer mal wieder habe, ist der vom Beginn einer Mathematikklausur, als die Unterlagen mit den Aufgaben verteilt wurden. Was ich hingelegt bekam, war ein blauer Topflappen, wie ich ihn als Kind einmal zu häkeln gelernt hatte, mit einem kunstvollen Öhrchen zum Aufhängen: Eine Textur, ein Text, den ich aufzulösen hatte.

Ein Satz, ein Titel, ein Rhythmus, ein Timbre bringen mich auf die Spur. Sie sind der Impuls, dem ich im Schreiben folgen werde, ohne dass ich mich vorher dafür entschieden hätte. Das Aufscheinen einer möglichen Form ist der Magnet, von dem die weiteren Worte angezogen werden. Plötzlich bin ich gefangen und frei: gefangen, weil ich gar nicht mehr anders will, und frei, weil ich meinen Willen ausleben kann.

Wer sich nicht traut, seinen Willen geschehen zu lassen, hat weder die Kraft, dem eigenen Vorsatz zu folgen, noch den Mut, mit ihm zu brechen.

Gründe sind Stabilisatoren und Destabilisatoren unseres Meinens und Wollens. Eine andere Aufgabe haben sie nicht.

Sich seine Träume zu erfüllen ist außerordentlich gefährlich, vielleicht das Gefährlichste, was man im Leben tun kann. Ihre restlose Verwirklichung wäre von wunschlosem Unglück nicht zu unterscheiden. Ausnahmsweise optimistischer sagt es Proust: »Im Austausch gegen das, was unsere Imagination uns vergebens erwarten läßt und das wir so mühevoll wie umsonst zu entdecken versuchen, schenkt uns das Leben etwas, das unser Vorstellungsvermögen weit übersteigt.«

Zwar können wir das Träumen nicht lassen, den Traum einer Erfüllung unserer Träume aber schon.

»Allein es ist ein Unglück«, schreibt Kant in seiner *Grundlegung zur Metaphysik der Sitten*, »daß der Begriff der Glückseligkeit ein so unbestimmter Begriff ist, daß, obgleich jeder Mensch zu dieser zu gelangen wünscht, er doch niemals bestimmt und mit sich selbst einstimmig sagen kann, was er eigentlich wünsche und wolle.« Der Satz ist pure Ironie. (»Kant als Ironiker« – auch dieses Kapitel steht noch aus.) Denn es ist ein Glück, dass wir nicht im Voraus bestimmen können, was unser Glück sein und was es aus uns machen wird. Wir dürfen uns glücklich schätzen, dass wir nicht wissen, was wir »hier eigentlich wollen«, wie Kant an derselben Stelle sagt.

Die unausweichlichen Phantasien, einmal aller Pflichten, Sorgen, Zweifel, Suchbewegungen und Sehnsüchte ledig zu sein, auch die vom endlich Obensein in welcher Branche auch immer, sind allesamt Luftspiegelungen, die bei der geringsten Annäherung verblassen.

»Nicht alle Abstiege vollziehen sich nach unten«, sagt Paul Nizan.

Was Philosophen als das gute Leben preisen, ist nichts weiter als ein Sichnichtunterkriegenlassen, günstigenfalls unterlegt mit grundloser Gelassenheit.

Ohne den drohenden, wenn auch für den Augenblick überwundenen Widerstand des Wirklichen verlöre jedes Hochgefühl seinen Geschmack.

Wir haben zu beachten, schreibt Hobbes, »daß die Glückseligkeit dieses Lebens nicht in der zufriedenen Seelenruhe besteht. Denn es gibt kein *finis ultimus*, d. h. letztes Ziel, oder *summum bonum*, d. h. höchstes Gut, von welchem in den Schriften der alten Moralphilosophen die Rede ist. Auch kann ein Mensch, der keine Wünsche mehr hat, so wenig weiterleben wie einer, dessen Empfindungen und Vorstellungen zum Stillstand gekommen sind. Glückseligkeit ist ein ständiges Fortschreiten des Verlangens von einem Gegenstand zu einem anderen, wobei jedoch das Erlangen des einen Gegenstandes nur der Weg ist, der zum nächsten Gegenstand führt. Der Grund hierfür liegt darin, daß es Gegenstand menschlichen Verlangens ist, nicht nur einmal zu einem bestimmten Zeitpunkt zu genießen, sondern sicherzustellen, daß seinem zukünftigen Verlangen nichts im Wege steht.«

Als Boris Becker 1991 nach seinem Sieg bei den Australian Open endlich Nr. 1 der Tennisrangliste geworden war, lief er quer durch die Zuschauerränge nach draußen in den das Stadion umgebenden Park. Er habe für einen Moment allein sein wollen, erklärte er hinterher. Die Freude darüber, ein Lebensziel losgeworden zu sein, musste ausgekostet werden, bevor er sich für sein Erreichen feiern lassen konnte.

Unbestimmtheit, die Ingredienz allen Glücks, ist auch das Lebenselixier der Freiheit. So frei zu sein und so frei zu bleiben, auf noch Unbestimmtes aus zu sein, ist der ganze Witz der Selbstbestimmung. Von vielem – oft unausweichlich – bestimmt, lassen wir uns auf Situationen ein, von denen wir bestimmt sein wollen. Wenn das gelingt, ist es fast schon egal, ob unsere Wünsche in Erfüllung gehen.

Wenn einem alle Möglichkeiten offenstehen, ist das Desaster nicht weit. An einem frühen Sommermorgen waren wir während eines beschwingten Streits in Erwartung eines besänftigenden Frühstücks in New Mexico auf der Suche nach einem einladenden Restaurant unterwegs, vor dem sich, als es gefunden war, ein riesiger, noch vollkommen leerer Parkplatz erstreckte. Vor die Wahl gestellt, welchen der vorgezeichneten Stellplätze ich anpeilen sollte, diejenigen, die rechts lagen, diejenigen, die links lagen, diejenigen, die sich geradeaus erstreckten, erlitt ich einen Anfall von Agoraphobie. Ich lenkte das Fahrzeug zu dem einzigen kleinen Streifen des Parkplatzes, der ein wenig

Schutz vor der Sonne versprach, vergaß aber, dass ich am Steuer eines *motorhomes* saß, und krachte mit dessen Vorbau gegen die hölzerne Überdachung. Der Wirt kam herausgeeilt, sah sich den vergleichsweise geringen Schaden an seinem Anwesen an und ließ wissen, für 20 Dollar könne die schwedische Hilfskraft, die bei ihm gestrandet sei, den Schaden reparieren. Für das Loch in dem Vehikel hätte ich ja eine Versicherung, die dafür aufkommen würde (wir waren uns da nicht so sicher). Wir sollten doch erst einmal einkehren. Der Mann verstand es, den Raum des Möglichen, der mich irre gemacht hatte, auf das Angebot seiner Speisekarte zu reduzieren.

Menschen können ihr Leben anders aufs Spiel setzen als durch blinde Raserei. Wir gehen ins Kino, um beim Übergang von der einen Dunkelheit in die andere von etwas erfasst zu werden, womit der Film den Rest unseres Lebens – und manchmal uns für den Rest dieses Lebens – berührt. Wenn es zu einem derartigen Nachhall, Nachzittern, Nachbeben und Nachleben kommt, sei es durch einen Film, einen Satz, einen Kuss oder sonst ein Gewitter: das ist das Mystische. Der Aufruhr vergeht, sobald ihm ein handfester Sinn verliehen wird.

»Such nicht den Sinn, such den Geschmack«, hieß es vor 25 Jahren auf einer Zigarettenreklame in der Hamburger U-Bahn. Die tieferen unter den Weisheitslehren kommen oberflächlich daher.

Die Befürworter und Verächter eines nichtendenwollenden Lebens werfen sich gegenseitig Phantasielosigkeit vor. Euch fehlt die Einbildungskraft, sagen die einen, über das kümmerliche endliche Leben hinauszudenken. Die anderen erwidern: Euch fehlt die Phantasie zu sehen, wie kümmerlich ein Leben ohne Ende wäre.

Unter den Befürwortern eines todlosen Lebens gibt es zwei Fraktionen. Die religiöse vertraut auf ihren Glauben an eine höhere Instanz, die szientistische auf ihren Glauben an die Technik. Während Letztere planen, den Geist der bislang Sterblichen auf Chips zu kopieren und in fernen Universen zu rematerialisieren, ziehen Erstere den Rechtsweg vor: Sie stellen ihr Schicksal einem Weltgericht anheim.

Man müsste sich Gott als einen dankbaren Geist vorstellen. Denn wie könnte man jemanden bitten oder ihm danken, der nicht seinerseits bitten, danken und daher fehlgehen könnte?

Auch unter den Verächtern eines todlosen Lebens gibt es zwei Fraktionen. Die philosophische weist darauf hin, dass alles, was wir unter Leben verstehen, an Rhythmen des Werdens und Vergehens gebunden ist: »Ewiges Leben« ist ein Widerspruch in sich. Die literarische erinnert daran, dass der Rhythmus von Texten und jeder anderen Art der Musik mit der begrenzten Zeit der von ihm Ergriffenen spielt: »Ewiges Lesen« ist ein Widerspruch in sich.

In bestimmten Perioden meines Lebens kam ich nur zum Lesen, wenn mein Kind den Widerstand gegen das Einschlafen aufgegeben hatte. Ich schob es in seinem Wagen durch die sommerlichen Gemüsefelder hinter der Schweizer Grenze, bis es so weit war. Dann nahm ich Herders wunderbare, manchmal auch wunderliche Schrift *Über den Ursprung der Sprache* in der handlichen Reclam-Ausgabe aus der Tasche und ließ mich auf einer Bank oder einem Baumstumpf nieder. Nie habe ich intensiver gelesen als dann, wenn es auf Abruf geschah. Geschenkte Muße ist kostbarer als jede, über die man frei verfügen kann. Später gab es Gelegenheiten wie den wöchentlichen Schwimmunterricht des Kindes. In der Cafeteria des Hallenbades versammelten sich die um das Überwasserbleiben ihrer Zöglinge besorgten Begleitpersonen (außer mir alles Frauen), redeten und rauchten, wie es in solchen Lokalitäten damals üblich war, während ich *Die Fehler des Kopisten* von Botho Strauß dabeihatte, ein Buch, das wie gemacht war für eine abschweifende Lektüre.

Mit einem ewigen Schreiben stünde es nicht besser, wenn man Proust glauben darf: »Unsere Leidenschaften skizzieren unsere Bücher, die Ruhepausen zwischen ihnen bewirken die endgültige Niederschrift.«

Den philosophischen und den literarischen Einwand kombiniert Paul Valéry in seinem Dialog *Eupalinos oder Der Architekt.* Sokrates und Phaidros haben sich im Hades getroffen und blicken nun wehmütig auf ihre leibliche Existenz zurück.

Phaidros: Ja, ich werde wieder lebendig, und ich sehe die vergänglichen Himmel wieder! Das Schönste, was es gibt, kommt nicht vor in der Ewigkeit.
Sokrates: Wohin verlegst du es dann?
Phaidros: Nichts Schönes lässt sich vom Leben abtrennen. Das Leben ist das, was stirbt. (…)
Sokrates: Alles das klingt seltsam an diesem Ort. Nun, da wir des Körpers beraubt sind, müssen wir uns offenbar beklagen und jenes Leben, das wir verlassen haben, mit demselben neidischen Aug betrachten, mit dem wir früher hinüber sahen nach dem Garten der seligen Schatten … (…)
Phaidros: Diese Anlagen sind voll von unseligen Ewigen.

»Eben deswegen favorisieren wir die Auferstehung des Leibes«, melden sich noch einmal die Verehrer eines unendlichen Lebens zu Wort. Doch an vergänglichen Himmeln können sich nur Wesen berauschen, die sich dabei ihrer eigenen Vergänglichkeit erfreuen. Auch ein Leib, der nicht altert, ist ein Widerspruch in sich, wie an der Frage deutlich wird, in welchem Alter man am liebsten für immer dahinvegetieren möchte.

Alterslose Wesen hätten keinen Sinn für das Hier und Jetzt. Nichts Einmaliges könnte ihnen widerfahren.

Nur das endliche Leben befriedigt unser Verlangen nach Verlangen, ein Begehren, das sich nicht erfüllen darf, wenn es sich erfüllen soll.

»Wie ein Bürger leben, wie ein Gott denken«, soll Gustave Flauberts Lebensmaxime gewesen sein. Doch ein Gott hätte alle Zeit der Welt, einmal abgesehen davon, dass er über der Welt steht, anders als Denkende, die inmitten ihrer Verwicklungen zugange sind, was Zweifel daran erlaubt, ob Er, der alles auf einmal soll erfassen können, es überhaupt nötig hätte, zu denken.

Lernprozesse mit tödlichem Ausgang heißt ein früher Prosaband von Alexander Kluge. Der Titel ruft die Katastrophen des 20. Jahrhunderts auf, doch er hat auch eine zweite Bedeutung: Ohne tödlichen Ausgang kämen keine Lernprozesse in Gang.

Patientenverfügung: Selbstbestimmung noch über die Todesart, aber wenigstens unterschreibt man sein Urteil selbst.

Wohnungsauflösung: ein weiteres Kapitel der Trauerarbeit. Nachdem Wertsachen, Dokumente und Erinnerungsstücke auf den Weg gebracht und alle Nahestehenden bedacht worden sind, steht die Entsorgung der verbliebenen Hinterlassenschaften an. Es werden Besichtigungstermine mit einschlägigen Firmen vereinbart. Als Erstes fallen gleich fünf Mann einer sich »green« nennenden Kompanie in der Verkleidung von Müllfachleuten ein, bereit, sofort alles abzutransportieren. (Es stellt sich heraus, dass es sich um eine Spezialeinheit der örtlichen Stadtwerke handelt.) Der Vorarbeiter erklärt mit einer auf Begriffsstutzige zugeschnittenen Deutlichkeit, wie überaus günstig und umweltverträglich jedes einzelne Stück beseitigt werden könne, nennt jeweils die Kosten und rechnet am Ende alles zusammen; der Preis ist exorbitant. Der nächste Kandidat ist ein smarter Levantiner, der nur seinen Vornamen nennt, durch die Wohnung schlendert, aus dem Stand ein günstiges Angebot macht, seine Mailadresse hinterlässt und wieder abgeht. Danach schickt die Stadtmission einen Bürokraten mit unchristlichem Namen, er hat ein Klemmbrett dabei, auf dem er sich alles penibel notiert, die Kosten wird er erst im Büro berechnen können. Zwischendurch streift ein Antiquitätenhändler auf Schnäppchenjagd durch die Wohnung, der, als er fertig ist, das Ansinnen äußert, man möge doch bitte seine gesammelten Funde runter zu seinem Jaguar tragen; immerhin zahlt er bar. Der nächste Akt besteht in dem Auftritt einer vergleichsweise bürgerlichen Dame. Sie spricht ihr Beileid aus, hat gleich den entsprechenden Vertrag dabei und legt Wert auf ihr Geschäftsmodell, das übrig Gebliebene zu einem moderaten Preis wieder dem Verwertungskreislauf zuzuführen. Das Schauspiel auf der *off-off*-Bühne nimmt ein versöhnliches Ende mit dem Erscheinen eines Buchhändlers, der, während er die für sein Antiquariat geeigneten Bücher aussortiert, in den Resten der Bibliothek die Spuren des Lebens der ehemaligen Bewohnerin zu entziffern versucht.

Wenn wir schlafen, um zu leben, nimmt die Sache ein fatales Ende; umgekehrt sieht es ein wenig besser aus.

Es gibt Neugeborene, die, obwohl sie noch kaum sehen können, schon so dreinblicken, als hätten sie bereits alles gesehen.

Meine Religion ist das Schreiben (immerhin etwas älter als die prominenteren Weltreligionen und wie diese im Niedergang begriffen). Etwas machen, von dem man während der Arbeit – Arbeit ist es ja schon – nicht weiß, wie es zustande kommt, und dessen Zustandekommen im Nachhinein vollends rätselhaft ist: näher komme ich dem Numinosen nicht.

This is Always ist der Titel einer Nummer, die Charlie Parker 1947 zusammen mit dem Erroll Garner Trio und dem Sänger Earl Coleman eingespielt hat. Sie feiert das Fürimmersein einer Liebe, jedenfalls wenn man den Songtext beim Wort nimmt:

> This isn't sometimes, this is always.
> This isn't maybe, this is always.
> This is love,
> The real beginning of forever,
> This isn't just mid summer madness,
> A passing glow, a moment's gladness,
> Yes it's love.
> (…)
> Yes it's love,
> I knew it on the night we met,
> You tied a string around my heart,
> So how can I forget you.

With every kiss I know that
This is always.

Colemans schnulziger, an der Grenze zur Parodie gehaltener Vortrag lässt die Liedzeilen in einem gekünstelten Vibrato erzittern, so als würde sich das für immer gebundene Subjekt mit letzter Kraft, wenn auch vergeblich, gegen die bejubelte Gefangenschaft wehren. Parkers Saxophon nuschelt in das Lied hinein und unterstreicht mit einem Solo, was hier besungen wird: den Fatalismus der Liebe. Die Gewissheit, dass die Liebe dauern wird, gehört zu ihrem Auftakt, ihr Fortwähren aber bleibt grundiert von einem Zweifel an ihrer Dauer; *das* ist Liebe.

Jean Paul: »Ungleich dem Orpheus, gewinnen wir unsere Eurydice durch Rückwärts- und verlieren sie durch Vorwärtsschauen.«

Musik: die schönste Form des Wartens auf das Ende.

Es war einmal eine junge Frau, die hatte sieben ältere Brüder. Inmitten einer riesigen Stadt lebend, erzählte sie mir, musste sie nur zuhause auf dem Sofa sitzen, und es defilierten Scharen junger Männer vorbei, unter denen sie sich welche aussuchen konnte. Der, bei dem sie später blieb, war freilich ein Irrläufer, der mit den Brüdern rein gar nichts gemein hatte.

Es gibt Dinge und Menschen, die wir nicht verlassen wollen, und solche, von denen wir nicht lassen wollen; solche, die wir loswerden, und solche, die uns loswerden wollen – und die, die wir nicht aufgeben und die uns nicht aufgeben können.

Nichtendenwerden, Nichtendenwollen: Wortbildungen, denen man schon ansieht, dass das, worauf sie hindeuten, ins Leere führt. Nochnichtendenwerden, Nochnichtendenwollen: Wortungetüme, die immerhin zeigen, wie es gehen kann.

»Unendlich« – ein verführerisches Wort. Es verspricht, diesseits von Mathematik und Kosmologie etwas zu erfassen, das jenseits des für unseresgleichen Erreichbaren liegt. Das meiste, das wir unendlich nennen, ist es gar nicht. Auch eine »unendliche Prärie« ist ein endliches Gebilde. In dem Film *The Big Country* von William Wyler kommt James McKay, der Sohn eines Reeders aus Baltimore, in den Westen, um die Rancherstochter Julie Maragon zu heiraten. Von Anfang an ist es ein *running gag*, dass der feine Herr aus dem Osten den Stolz der Einheimischen auf ihr unvergleichliches Land nicht recht zu teilen vermag. Ob er jemals eine derart weite Landschaft gesehen habe, fragt ein Hinterwäldler den Zugereisten bei einem Fest. »Ja, schon«, antwortet dieser. – »Sie haben – was denn?« – »Na, ein paar Ozeane«, antwortet McKay und lässt den Mann stehen. Es gibt immer noch eine weitere Weite, mit der man vertraut sein kann, ohne je mit einer grenzenlosen Sphäre bekannt zu werden.

Wir können dahin gelangen, was hinter unserem Horizont liegt, aber wir können nicht hinter unseren Horizont gelangen.

Es gehört zu den anthropologischen Konstanten, dass innerhalb der Akademien 50 % aller Vortragenden, gleich welcher Herkunft und Couleur, sich zuverlässig darüber hinwegtäuschen, wie lang ihre Rede ist, selbst wenn sie diese Wort für Wort niedergeschrieben haben und Wort für Wort wiedergeben. Mit tatsächlichem oder gespieltem Erschrecken stellen sie *coram publico* fest, dass sie doch etwas länger brauchen werden, und beginnen, während dieses Etwas nicht enden will, um jede weitere Minute zu feilschen, bis sie schließlich die Seiten ihres Manuskripts, die ohnehin noch unfertig sind, demonstrativ überblättern und mit großzügigem Entgegenkommen einen abrupten Abschluss finden. Da lernt man die Chuzpe eines Redners zu schätzen, der, als er einmal wieder wegen Zeitüberschreitung ermahnt wurde, nonchalant bemerkte, es sei doch allgemein bekannt, dass die Zeit stehen bleibe, sobald *er* das Wort ergreife.

»Let me explain to you the law of professional music«, wies ein Musiker bei einem Jazzfestival im Freien das Publikum zurecht, als er dabei war, auf der Flöte zu improvisieren und einige Freigeister, die ebenfalls ihr Instrument dabei hatten, in die Session einzusteigen begannen: »I play and you listen!«

»Ich muss mich erst fassen«, sagen wir manchmal, wenn uns zu viel Freude oder Leid überkommen hat, und oft gelingt das trotz allem. Wenn wir um Fassung ringen, wollen wir das Maß an Selbststeuerung erlangen, in dem unser Gefühl und unser Verstand wieder miteinander kommunizieren können. Sich zu fassen – und schon gar nicht kurz – wird dennoch niemandem gelingen. Sich im Reden oder Schreiben kurz zu fassen, sollte trotzdem möglich sein. Deswegen können wir es nicht fassen, wenn professionelle *performer* das nicht auf die Reihe kriegen.

Sich zurechtlegen zu wollen ist ebenfalls vergebliche Liebesmühe. »Er versuchte nie, auf der linken Seite zu schlafen, selbst in jenen trostlosen Nachtstunden nicht, wenn der Schlaflose seine beiden Seiten durchprobiert hat und sich nach einer dritten sehnt.« (Nabokov, *Pnin*)

Schreibende, heißt es gern, und manche unter ihnen machen es sich vor, sind letztlich im Dienst ihres Nachruhms tätig. Auf ein Leben nach dem Tod verzichten sie gerne, solange ihre Werke das für sie übernehmen. Mit dieser Strategie verschenken sie ihr Bestes. Sie versäumen es, für das Nachleben der eigenen, schon geschriebenen Sätze in ihrem gegenwärtigen Schreiben zu sorgen, das diesen ein Leben vor dem Tod vergönnt.

In dem großen Saal des Ernst-Bloch-Zentrums in Ludwigshafen am Rhein befindet sich am Boden eine Glasplatte, durch die man in das rekonstruierte Tübinger

Arbeitszimmer der letzten Lebensjahre des Philosophen hinabblicken kann. Man sieht seinen Arbeitstisch mit Pfeifen- und Schreibutensilien, Manuskripten und Büchern. An der Wand gegenüber dem Schreibtisch steht ein Bücherregal, in dem, auf Augenhöhe mit dem dort Sitzenden, die Bände der Gesamtausgabe Ernst Blochs aufgereiht sind. Das kann doch wohl nicht wahr sein, dachte ich mir, als ich das zum ersten Mal sah. Kein kreativer Geist schreibt im Angesicht seiner gesammelten Schriften, die ja hinter ihm liegen und dort bleiben müssen, wenn er weitermachen und erst recht, wenn er von vorn beginnen will. Zu meiner Beruhigung fand ich heraus, dass dieses Arrangement nicht der tatsächlichen Ordnung in Blochs Arbeitszimmer entsprach.

Es gibt schlimmere Denkmale. Am Rand des Theodor-W.-Adorno-Platzes auf dem Campus Westend der Johann Wolfgang Goethe-Universität in Frankfurt am Main – die biografische Notiz auf den Straßenschildern weist Adorno als »Vertreter« der Kritischen Theorie aus – befindet sich ein an den Philosophen erinnernder Glaswürfel, in dem ein massiver Schreibtisch steht. Auf diesem befindet sich nahezu nichts – eine Art-déco-Lampe, zwei Manuskriptseiten der *Ästhetischen Theorie* und eine Ausgabe der *Negativen Dialektik*, neben der, das Buch leicht überlappend, ein altertümliches Metronom steht. Ein Metronom! – als hätte Adorno nach einem vorgegebenen Taktmaß philosophiert und komponiert. Außerhalb des aseptischen Glashauses ist die Installation mit in Stein gemeißelten Spruchbändern verziert, auf denen einige der bekanntesten Sätze des Geehrten zu Lebensweisheiten degradiert werden.

In den Fluren der Akademien hört man die alten Meister klagen. Lange zu leben und geistig wach zu bleiben, ist umso weniger ein Segen, je berühmter man in früheren Jahren gewesen ist und je mehr man in die Verlegenheit kommt, das Vergessenwerden am eigenen Leib erfahren zu dürfen. Es hat nicht jeder das Glück des späten Schopenhauer, der, nachdem er dank geschickter Finanztransaktionen jahrzehntelang ein unbehelligtes Dasein als verkanntes Genie geführt hatte, am Ende seiner Tage Zeuge seiner aufkeimenden Berühmtheit wurde.

Angesichts der Verlockungen des Ruhms empfiehlt Günter Eich eine gewisse Askese:

In Saloniki
weiß ich einen, der mich liest,
und in Bad Nauheim,
das sind schon zwei.

Der eine dieser Leser war der frühere Leiter des Goethe-Instituts in Thessaloniki, über den anderen, den in Bad Nauheim, herrscht in der Forschung keine Gewissheit, aber es wäre eine schöne Fügung, wenn es sich dabei um den heute vergessenen Büchnerpreisträger Fritz Usinger handelte, dem Andreas Maier im fünften Band seiner Wetterauer Umgehungsstraßensaga ein verwittertes Denkmal gesetzt hat. Doch leider lebte und starb jener Usinger im benachbarten Friedberg.

Verheißung des Todes: nicht mehr wollen zu müssen, nicht mehr müssen zu wollen.

Sobald wir nichts mehr zu müssen glauben, werden wir nichts mehr zu wollen finden.
Sobald wir nichts mehr zu wollen finden, werden wir nichts mehr zu müssen haben.

Bis der Notarzt kommt, kann es dauern. Dann aber fahren gleich zwei Krankenwagen mit Blaulicht vor, begleitet von dem PKW der diensthabenden Ärztin. In jovialer Stimmung fallen vier Pfleger in roten Leuchtuniformen in die Behausung des Patienten ein, als wären sie von einer Weihnachtsfeier auf Stippvisite vorbeigekommen. Bevor die Ärztin zu Wort kommt, wird erst einmal die Verkehrslage erörtert, dann muss verhandelt werden, welcher der beiden mitgebrachten Werkzeugkästen in Gebrauch genommen werden soll. Die Kontaktpunkte für ein EKG müssen gelegt werden. Sonst mache das der Praktikant, der heute leider verhindert sei, wird dem Kunden mitgeteilt. Es fehlt somit der fünfte Mann des Einsatzkommandos, das die Wohnung gestürmt hat. An seiner Stelle wird der korpulenteste der Pfleger an die Front geschickt. Schwer atmend und mit zitternden Händen, offensichtlich hat er seinen Alkoholspiegel noch nicht erreicht, kommt er, von seinen Kollegen angefeuert, dieser Herausforderung mehr schlecht als recht nach. Die junge Ärztin schaut sich das Manöver mit einigem Staunen an, doch einzugreifen ist ihr verwehrt; die normative Ordnung des Teamgefüges darf nicht angetastet werden. Wenn es um vermeintlich niedere Tätigkeiten geht, kehren die Hierarchien sich um: Das leitende Personal muss sich den Kunstgriffen der Basis fügen. So entwickelt sich immerhin ein veritables Schauspiel, das sich im Rückblick als das eigentliche Heilmittel erweist. *There's no business like show business.* Jede erfolgreiche Therapie besteht zur Hälfte aus schierer Magie.

Die Friseurinnen, von denen ich mir die Haare schneiden lasse, gehen unterschiedlich vor. Die eine greift sogleich zur Schere und schneidet mein Haar ohne erkennbare Logik zurecht. Die andere folgt einem Prinzip der Segmentierung; Partien von Haaren werden mit Klammern zu Bündeln vereint, die Schritt für Schritt mit der Schere behandelt werden, bis alle Parzellen auf die vorgesehene Weise kultiviert worden sind. (Mir kommt dabei immer Michael Endes Roman *Jim Knopf und Lukas der Lokomotivführer* in den Sinn. In der chinesischen Kaiserstadt Ping, wird dort erzählt, gibt es Läden, in denen sich die Bevölkerung ihre zu Büscheln von je 100 Stück zusammengebundenen Haare zählen lässt.) Die Dritte nimmt als Erstes den elektrischen Apparat zur Hand, der dem Ganzen eine Rohfassung verleiht, die dann mit der Schere überarbeitet wird, bis die endgültige Form gefunden ist. Wie durch ein Wunder ist diese jedes Mal dieselbe.

Früher oder später bildet jede Wissenschaft ihren eigenen Aberglauben aus, der stets ein Glaube daran ist, dass es kein Aber mehr gäbe. Nur ein Vorgehen soll zur richtigen Form der Erkenntnis führen. Mit einem einzig wahren

Verfahren aber kann man sich nur verfahren. Wahrscheinlich gibt es sie schon, die Neurophilologen, die dem Traum nachhängen, mit bildgebenden Techniken unsere Gedanken Wort für Wort lesen zu können, noch bevor wir sie gedacht, geschweige denn ausgesprochen haben. Doch glücklicherweise sind Bilder keine Texte, aus denen sich etwas Bestimmtes herauslesen ließe, es sei denn, es wird hineingelesen, weswegen die neuen Philologen während ihrer Ausforschungen zugleich ihr eigenes Hirn scannen müssten, unter Beobachtung eines Kollegen, der ihre Gedanken zu entschlüsseln versucht – usw. *ad infinitum.*

Entgegen anderslautender Gerüchte sind Gedanken keine Gehirnzustände. Zwar ist das *Haben* eines Gedankens ein Gehirnzustand, aber nicht der *Gedanke*, den jemand dabei hat. Wenn verschiedene Personen denselben Gedanken haben oder verstehen (wie es ja gelegentlich vorkommt, denn andernfalls wären sie keine Personen), ist ihr Gehirn in der für das Haben dieses Gedankens zuständigen Region (einmal angenommen, es gäbe so etwas) noch lange nicht in demselben Zustand. Denn ihre identischen Gedanken sind jedes Mal völlig anders vernetzt.

Dass Proust einer der größten Autoren des 20. Jahrhunderts ist, ist eine Überzeugung, die ich mit vielen anderen teile. Ich las Proust zum ersten Mal als Schüler in den frühen Morgenstunden während eines sommerlichen Ferienjobs bei der Landesversicherungsanstalt in Speyer. Es gab dort Gleitzeit, weswegen ich mich gegen mein Naturell dazu überwand, jeden Arbeitstag um 6:30 Uhr vor

Ort zu sein, bevor um 8 Uhr mein Chef erschien und es Krankenakten zu sichten und zu ordnen gab. (Die nachgelassenen Zettel Roithamers zu »sichten und ordnen« ist die vergebliche Obsession des Erzählers in Thomas Bernhards Roman *Korrektur*, aber der erschien erst einige Jahre später.) Anderthalb Stunden war ich allein im Keller des Verwaltungsgebäudes, nicht weit von der Volksschule, in die ich seinerzeit gegangen war, und las die mäandrierenden Sätze der *Recherche*. Ich kannte die Liebe noch nicht, deren Phantasmen Proust so unerbittlich seziert, und müde, wie ich war, ertappte ich mich immer wieder dabei, zwei oder drei Seiten gelesen zu haben, ohne mich erinnern zu können, was sich dort abgespielt hatte. Doch damals schon war ich mir sicher, am Beginn einer langen Freundschaft mit diesen Bänden zu stehen. Diese bald lebenslange Affäre hat dazu geführt, dass – auch – ich der Meinung bin, »dass Proust einer der größten Autoren des 20. Jahrhunderts ist«. Der Name »Proust« aber, der Begriff »Autor« und auch – im Kontext dieser Überzeugung – das Prädikat »einer der größten« (denn welches sind in meinem Überzeugungshaushalt die anderen?) sind nicht allein mit unzähligen meiner sonstigen Ansichten über Literatur und »alles, was damit zusammenhängt« (eine Lieblingswendung Roithamers) vernetzt, sondern unauflöslich mit Erinnerungen, Affekten und Assoziationen kontaminiert, von denen ich hier nur einen winzigen Ausschnitt wiedergegeben habe. In der neuronalen Konfiguration, die sich im Wachrufen dieses simplen Gedankens, in dem Augenblick, da ich ihn niederschreibe, in einem Winkel meines Gehirns eingestellt hat, hat sich nie ein anderes Gehirn in der für kunstkritische Urteile zuständigen Region befunden.

Das sind schlechte Nachrichten für die Herrschaften von den avancierteren Geheimdiensten, doch diese werden so schnell nicht aufgeben, auch wenn sie, selbst wenn sie eines Tages glauben sollten, sie könnten Gedanken vor ihrer Kundgabe oder sogar vor ihrem Gedachtwerden scannen, immer noch nicht wüssten (aber vermutlich auch gar nicht wissen wollten), ob die Gedanken, die sie herauszufiltern wähnen, dabei sind, sich zu Urteilen zu verfestigen, oder nur Effekte eines Gedankenspiels sind, in dessen Verlauf die Texturen des Geistes brüchig werden.

Zur Vermeidung von Tierversuchen, höre ich im Radio, werden jetzt artifizielle Gehirne produziert, an denen sich Medikamente schmerzlos testen lassen. Wenn das mal kein Fortschritt ist. Zur Vermeidung schmerzhafter Denkversuche, das dürfte der nächste Schritt sein, werden Ersatzteile für das menschliche Gehirn hergestellt, die es den Kunden gestatten, sich von den eigenen Widersprüchen nicht länger irritieren zu lassen. Ob daraus ein erfolgreiches Geschäftsmodell wird, hängt allerdings davon ab, dass jene Potentaten vom Markt verdrängt werden können, die ihrer Gefolgschaft schon jetzt Allergien gegen den Stachel der Erkenntnis einzuimpfen wissen.

Einparteiensystem, Einheitswissenschaft, *theory of everything*: Urheber und Adressaten all dieser Gesamtkunstwerke sind Menschen, die kein Gerät durchschauen kann, weil sie sich selbst nicht durchschauen können.

»Ich kenne Anna Karenina besser als meine Frau«, sagte der betagte und seit langem verheiratete Literaturprofessor, bei dem ich studierte, in einem seiner Seminare. Leider waren wir über diese Auskunft zu verblüfft, um ihn zu fragen, ob er Frau K. auch besser kenne als sich selbst.

(»Wir haben uns ausgesprochen« bedeutet ja nicht, dass wir uns nichts mehr zu sagen hätten, sondern dass wir uns wieder etwas zu sagen haben, wovon wir selbst nicht wussten, dass es uns etwas zu sagen hätte.)

Versuchen Sie sich einmal einen Überblick über ihre Überzeugungen zu verschaffen. Wenn Sie sich nur an Ihre Ansichten über Bäume, Bahnhöfe, Betten, Badematten, Bidets, Bierflaschen, Bifokalbrillen, Bogenlampen, Bomben, Briketts, Brillanten, Burger und Bypässe halten, und dabei nicht vergessen, was solche Dinge alles nicht sind, werden Sie bis zum Ende Ihrer Tage beschäftigt sein und doch an kein Ende kommen.

»Computer können nicht vergessen«, sagte Hans-Georg Gadamer einmal. Als Kompliment war das nicht gemeint. Computer können vieles (zum Beispiel abstürzen, wie wir auch), aber sie können sich nicht erinnern, weil sie bei guter Gesundheit immer alles parat haben, was ihnen je eingegeben wurde.

Lange bevor es Aufnahmegeräte gab, gab es schon die weit kreativere Apparatur namens Gedächtnis, die auch das von ihren Inhabern gar nicht Bemerkte registriert und es ihnen dank eines eingebauten Mischpults Jahre später als taufrische Epiphanien darbietet.

So sehr das Gedächtnis eifersüchtig darauf achtet, seine kostbarsten Schätze weitab von den Orten, an denen es sie gehoben hat, aus nichtigem Anlass hervorzuzaubern, manchmal entgleitet ihm die Kontrolle, und die Fundstelle, wenn wir ihr wieder nahekommen, überrascht uns mit Eindrücken, denen es nichts hinzuzufügen hat.

Ich kam zweimal – einmal nach über 20 Jahren und noch einmal 30 Jahre später – zurück an einen Schauplatz meiner Kindheit. Der Stanworth Drive in Princeton ist eine U-förmige Straße, in deren südlichem Teil wir wohnten. Als ich das erste Mal wieder dort hinkam, bestand der Schock darin, dass alles noch so war, wie ich es in Erinnerung hatte. Nur die Ablagestelle für Müll und Gerümpel in der Biegung der Straße, die für das Kind eine beunruhigende Verlockung gewesen war, hatte ich vergessen. Auch Jahrzehnte später hatte sich fast nichts verändert, trotz des Sommertags war nur alles ein wenig grauer, und erneut stand ich staunend vor dem Schuttplatz, der mir wieder entfallen war. Mein Gedächtnis konterte sein Versagen mit einer Erinnerung an eine Szene, von der ich nicht glauben kann, dass es sie je gegeben hat. Auf dem Spielplatz am nördlichen Ende der Straße (auch den gibt es noch) sitze ich mit fünf oder sechs Jahren auf der Schaukel und sehe rechts neben mir meine Mutter mit ihren roten Haaren in einem hellen Sommerkleid stehen. Sie hat Lippenstift aufgetragen, aber warum in aller Welt hätte sie, die sich nur selten schick machte, das tun sollen, wenn sie mit ihren Kindern um die Ecke auf den Spielplatz ging?

Als Leser Prousts, der in Erinnerung hatte, dass Marcel nach zwei Dekaden Abwesenheit die ihm früher vertrauten Gestalten der guten Pariser Gesellschaft nicht wiedererkannte, ging ich zu meinem ersten Klassentreffen nach 20 Jahren in der Erwartung, ich werde kaum jemanden von den Leuten, mit denen ich es jahrelang fast täglich zu tun hatte, auf Anhieb identifizieren können, doch das Gegenteil war der Fall. Alle sahen so aus und waren so wie immer. Selbst die Geste, mit der einer meiner ehemaligen Klassenkameraden seine Brille zurechtrückte, war mir vertraut wie eh und je. Da bildet man sich ein, man sei gereift, habe sich geändert, ein wenig die Welt erobert und dabei Federn gelassen, doch in den Augen der anderen ist man derselbe schnöselige Kerl wie immer. Man könnte darüber zum Deterministen werden.

Eingebungen sind nur den Vergessenden gegeben: Im Zusammenschuss von Bildern, Tönen, Worten und Gedanken, die bis dahin nicht zusammengehörten.

Nur ihrer Willkür Unterworfene können von unwillkürlichen Erinnerungen überfallen werden.

Über die Figur der Madame de Cambremer heißt es bei Proust: »Obwohl sie die Bücher von John Stuart Mill nur aus der Hand legte, um nach den Schriften Lacheliers zu greifen, setzte sie, in dem Maße, wie ihr Glaube an die Realität der Außenwelt abnahm, ein immer leidenschaftlicheres Bemühen daran, sich vor ihrem Tode in dieser letzteren noch eine gute Stellung zu sichern.«

Mit dem Namen Cambremer werden in Prousts Roman allerlei Scherze getrieben, unter denen seine Verwechslung mit »Camembert« durch einen Liftboy im Grand Hotel von Balbec noch die harmloseste ist. Von hier aus ist es nur ein Gedankensprung zu dem Satz von John Austin: »Denken Sie nur an die Schwierigkeiten, die sich ergeben, wenn man das Wort ›Zeichen‹ unabsichtlich so erweitert, dass sich der Schluss anbietet, dass wir *Zeichen* von Käse sehen, wenn dieser vor unserer Nase steht.«

Auch in der Realität trifft man immer wieder auf Fiktionen. Bei einem Spaziergang auf dem Land in Mexiko treffen wir auf eine rätselhafte Installation. Am Rand eines Feldwegs befindet sich eine Ansammlung miteinander verbundener, gleichzeitig funktional und funktionslos, neu und verlassen wirkender Flachbauten, umgeben von einer gepflegten Rasenfläche, wie es sie hier sonst nirgends gibt. Vor dem Eingang zu diesem Areal sitzt eine Handvoll Leute auf Klappstühlen beim Rotwein, umringt von acht Hunden. Zwei hippiesk wirkende Gestalten, so stellt sich heraus, sind die Besitzer oder – Sprachbarriere – Betreiber einer neu geschaffenen Hotelanlage, denn darum handelt es sich angeblich. Entspannt, wie sie sind, bieten sie uns eine Führung an. Das Hotel ist einer anspruchsvollen Konzeption entsprungen. Die Zimmer sind den Ländern der Erde gewidmet, die für ihre weltliterarische Produktion bekannt sind, weswegen von Künstlerhand geschaffene Porträts die Eingänge zu den Wohneinheiten zieren. Baudelaire steht für Frankreich, Lampedusa für Italien, Borges für Argentinien usw. (Wie ein infames Insekt starrt der alte Borges den Betrachter aus dem Bild an.) Swimmingpool ist auch vorhanden. Keine Gäste weit und breit. Alles wirkt leicht angestaubt, vielleicht die Folge der ökologischen Bauweise, auf die wir eigens hingewiesen werden. Was ist das, fragen wir uns: eine überkandidelte Tierpension?, das Abschreibungsprojekt eines lokalen Drogenbosses?, die architektonische Abschlussarbeit seiner Kinder?, oder doch, Zweckmäßigkeit ohne Zweck, als Mahnmal eigenen Rechts, eine in Stein gehauene Satire auf das allgemeine Resort- und Wellnesswesen?

Vor Hotels, die mit »individuell gestalteten« Zimmern werben, sei gewarnt. Denn wo wären die Individuen, denen ein Zimmer behagen könnte, das ein anderes, ihnen unbekanntes Individuum nach den Vorgaben eines Investors eigens für sie glaubt geschaffen zu haben? Wer die Aura der Anonymität eines gescheiten Hotels nicht zu schätzen weiß, sollte gleich zuhause bleiben.

Es gibt Hotels, die von ihren Architekten bis in die Details der Inneneinrichtung hinein mit Klarheit, Grazie und Rhythmusgefühl entworfen wurden. Ich kenne eins in Tel

Aviv, das im Bauhausstil, und eins in Lissabon, das im Stil des Art déco errichtet ist. (Dieses gehört heute einer Kette, die drei Ecken weiter zum gleichen Preis eine gruselige Absteige betreibt.) Die kunsthistorischen Tatsachen verblassen gegenüber der puren Gastlichkeit, die einen umfängt. Man bewohnt eine austarierte Komposition, deren steinerne Musik die sonst übliche Beschallung in Lobby und Restaurant ersetzt. In solchen Häusern schläft man unverdientermaßen den Schlaf eines Gerechten mitten im Lärm der Stadt.

Hotelaufenthalt: Nachdem der obligate Zimmerwechsel vollzogen ist, bilden sich im Nu Gewohnheiten auf Zeit heraus, die es uns erlauben, uns von unseren Gewohnheiten zu erholen.

Ich wohnte in einem Hotelzimmer mit Blick auf den Seerhein und beschloss, nicht länger recht haben zu wollen.

Früher, wenn ich größere Städte bereiste, gab es immer einen Plan, was alles gesehen werden sollte.
Heute, wenn ich Städte bereise, erkunde ich das Viertel, in das es mich verschlagen hat.
Künftig, wenn ich reisen werde, werde ich einfach schauen, wo ich bleibe.

Bilder in Hotelzimmern sollte man übersehen, denn dazu sind sie da. Ausnahmen aber gibt es. Ich fand mich in einem bequemen Ledersessel in einer Unterkunft in Trondheim und sah auf eine große, ungerahmte, schwarzweiße Porträtfotografie von Miles Davis aus den sechziger Jahren, die mit dem Meeresrauschen vor meinem Fenster, das es hier gar nicht gab, lässig hätte mithalten können.

Ich fuhr einmal im Winter durch den Schwarzwald, es schneite so stark, dass ich schließlich umkehren musste, bevor es ins Höllental hinunterging, ich hatte die damals neue CD *Siesta* von Miles Davis und Marcus Miller eingelegt, ein weitgehend elektronisch realisierter Wiedergänger der orchestralen Adaption spanischer Volksweisen in *Sketches of Spain*, der Gemeinschaftsproduktion von Davis und Gil Evans von 1960. Die Stücke aus *Siesta* bilden den Soundtrack des gleichnamigen halluzinatorischen Thrillers von Mary Lambert, trotz Starbesetzung ein großer Quatsch, der nicht annähernd an Louis Malles *Ascenseur pour l'échafaud* (mit der jungen Jeanne Moreau) von 1958 herankommt, zu dem Miles Davis einen der besten Soundtracks *ever* geschaffen hat. Sechs oder sieben Stunden lang – ich ließ *Siesta* immer wieder von vorn beginnen – fuhr ich, umfangen von einer unterkühlten Evokation flirrender Hitze, durch Eis und Schnee. Noch heute, wenn ich das höre, sehe ich mich im Gestöber einer sich weiß verhüllenden Landschaft.

Flüsse und Wüsten: Schöneres hat die Natur nicht zu bieten, weswegen sie ihre Wasservorräte dann und wann darauf verwendet, die kultivierten Seiten der Erde in leere Flächen zu verwandeln.

Aufwachen vom Geräusch des Schneeschippens am Morgen: Die Welt hält sich bedeckt, du hältst dich bedeckt, so dürfte es bleiben.

Wo immer Miles Davis' Trompete erklingt, in einer Bar, im Radio, auf einer Platte von Cannonball Adderley, wo ich gar nicht mit ihr rechne – ich höre sie heraus. Künstler aller Art – nicht nur die, die mit Klängen jonglieren – machen vor, wie es ist, eine eigene Stimme zu haben.

Ich höre Stimmen, sind es meine, sind es deine, sind es eure, sind es gelesene, sind es anonyme, ist es Gesang, sind es Geräusche der Natur, der Stadt, des Verkehrs, ist es ein Rauschen, ist es ein Reden, hört ihr es auch? Wer keine Stimmen hört, ist nicht bei Sinnen. Wer nicht mit fremden Zungen spricht, hat nichts zu sagen.

Wer nicht für Einflüsterungen empfänglich ist, wird seiner inneren Stimme nicht folgen können.

Sich etwas sagen zu lassen ist eine Bedingung allen Sagens. Sich von anderen etwas sagen zu lassen ist die Bedingung dafür, mit sich selbst ins Gespräch zu kommen.

Worauf höre ich, wenn ich merke, dass es beim Schreiben zu einem Ende kommt – mit diesem Teil des Buchs, mit diesem Buch? Ich weiß es nicht. Aber wie beim Verfolgen einer Musik, eines Films, eines Romans spüre ich, dass es mit ihrer Dauer bald vorbei sein wird. Bei Romanen nehmen es schon die Hände wahr, wenn die Seiten, die die rechte hält, langsam aber sicher weniger werden. Bei uns noch unbekannten Musikstücken oder Filmen ist das weniger absehbar. Immer kann es noch eine Zugabe oder Wendung geben, die auf einmal alles verändert. Bevor das Ende nicht erreicht ist, bleibt es offen – so auch während des Schreibens. Man schreibt auf ein offenes Ende hin, auch wenn es kein »offenes Ende« sein wird. Das Ende muss kommen, und so hinkommen, dass es bleiben kann.

Aus einer Laune heraus hatte ich beschlossen, dass dieser Querfeldeinparcours in Umkehrung des Prinzips *form follows function* exakt 100 000 Anschläge lang sein sollte, so wie Valérys Dialog über den Architekten Eupalinos, ohne allerdings zu wissen, wie man seinerzeit Anschläge zu zählen pflegte: mit Leerzeichen (die damals noch keine Leer*zeichen* waren) oder ohne? Dieses willkürliche Ziel, dachte ich, hätte den Vorteil, eine runde Zahl, aber kein rundes Ende zum Ziel zu haben. Jedoch fand ich mit freundlicher Hilfe heraus, dass es 115 800 Zeichen waren, die Valéry vorgegeben waren; so eine Zahl, dachte ich, kommt mir nicht in den Text (schon ist es passiert). Ich bin jetzt (nach dem »jetzt«) bei 100 565 Anschlägen (mit Leerzeichen), womit es so aussieht, als würde meine Rechnung wieder einmal nicht aufgehen, weswegen ich bereitwillig das Handtuch werfe.

Sobald ich die Reihenfolge der Abschnitte in diesem Text ändere, ändert sich auch der Tenor der einzelnen Stücke, ganz abgesehen davon, dass ich sie dabei immer wieder ändere. An jeder neuen Stelle kommt ihnen eine andere Stellung zu.

Ich bin mir nicht sicher, ob die Folge der Stücke in diesem Buch die richtige ist, zugleich aber bin ich mir sicher, dass es eine richtige gar nicht gibt. Trotzdem werde ich die Vorstellung nicht los, es könnte eine endgültige Choreografie ihres Auftretens geben – eine, die beim Lesen den Anschein erweckt, es gäbe in ihrer Anordnung keinerlei Ordnung.

Ohne ein paar Illusionen kommt niemand durch.
Die größte aller Illusionen ist die eines Lebens frei von allen Illusionen.

Auch eine ungerade Linie ist immer noch eine Linie. Auch keine Ordnung ist eine Art der Ordnung. Auch eine anarchische Abfolge von Sätzen gehorcht dem Gesetz der Folge. Eins nach dem anderen: Das elementare Muster jeder Erzählung ist selbst dort in Kraft, wo gar nicht erzählt wird. Sowenig wir überall dem Chaos entkommen können, so wenig können wir absichtlich ins Chaos gelangen.

Ich möchte mein Instrument nicht – oder nicht zu sehr – stimmen.

Aber es nicht zu stimmen, ist das nicht auch eine Art des Stimmens?

Ein gewisser Überdruss muss sich im Schreiben eingeschlichen haben, bevor sich bei den Schreibenden die Illusion der Vollendung einstellen kann. Überdruss ist eine der stärksten Arten des Verlangens: alles – oder wenigstens: *das* alles – soll anders werden. Es wäre ein Frevel, diese Produktivkraft ungenutzt zu lassen.

Ich beginne meiner sich unterbrechenden Rede überdrüssig zu werden. *I wanna let it roll.* Ich möchte eine digressive Musik machen, die sich nicht ständig Einhalt gebietet.

Es ist ein Segen, keinen Orientierungssinn zu haben. Wenn ich in eine Stadt komme, in der ich schon einige Male war, weiß ich trotzdem nicht, wie sich die Stelle, an der ich gerade bin, zu den Orten der Stadt verhält, die ich von früher her kenne. Es ergeht mir wie beim Wiederlesen eines Buchs nach längerer Zeit: Nichts von dem, was ich in Erinnerung habe, steht da, wo ich es erwartet hätte. Die Stadt, in der ich mich seinerzeit ein wenig auskannte, verwandelt sich jedes nächste Mal in ein Labyrinth zurück, das mir eine verrückte *cover version* seiner selbst präsentiert.

Navigationssysteme bringen einen nicht dahin, wo man hätte sein können.

Als junger Mann landete ich, nach einer Übernachtung in Orlando, was eine eigene Geschichte wäre, in Mexico City, aber der Freund, der mich hätte abholen sollen, war nicht zu finden. Nach einer Irrfahrt mit dem Taxi – am Nationalfeiertag war nur die Hälfte der Straßen befahrbar – kam ich schließlich an der gewünschten Adresse an, nur um nach langer Wartezeit festzustellen, dass niemand zuhause war. Der Fahrer des fünften Taxis, das ich anhielt, ließ sich dazu herab, ein so verlorenes Subjekt in seinen Wagen zu lassen, und brachte mich zu einem Hotel, in dem ich aus schierer Verzweiflung Quartier in der – angeblich – einzig noch freien Junior Suite nahm, was mich die Hälfte meines Reisebudgets kostete, mich aber mit einem furiosen Rundblick über die schlafende Stadt entschädigte, für den ich, erschöpft, wie ich war, keinerlei Sinn hatte. Das Frühstück in der Luxusherberge schlug ich aus, da ich einen Aufpreis befürchtete, und ging stattdessen in eine Arbeiterkneipe nebenan, in der ich etwas undefinierbar Köstliches aß, wofür ich die nächsten Tage büßen musste. Vorerst gestärkt fuhr ich mit diversen Bussen zu der Straße, an der ich in der Nacht vergebens gewartet hatte (eine logistische Meisterleistung, wie sie mir in der Fremde nie wieder gelungen ist), nur um dort zu erfahren, dass mein Freund da gar nicht mehr wohnte.

Auf der Suche nach einem Ort meiner Kindheit fuhr ich im Sommer kreuz und quer durch New Jersey, ohne recht zu wissen, wo ich war, bis ich auf einmal in meinem gekühlten Leihwagen Witterung aufnahm und mir, bevor ich ihn sah, der Name des Flusses wieder einfiel, dessen Nähe ich spürte: »Delaware« – ein sanfter, von hier nach nirgendwo fließender Klang, dessen Endsilben die Einflüsterung bereithalten, für Einflüsterungen *aware* zu sein.

Weitgehend ausgetrocknete Ströme, *creeks* oder Rinnsale mit Steinen und Stöcken so umzuleiten, dass sich ein Nebenfluss ergab, der sich seinen eigenen Weg zu bahnen hatte, war auf Reisen das Hauptvergnügen des Kindes. Unser Spätwerk war ein 50 Meter langer »Seelstrom«, den wir in der Nähe unseres Zuhauses von einem Bergbach abgezweigt hatten und ein paar Jahre lang gegen alle Rückbildungsversuche konkurrierender Landschaftsarchitekten am Leben erhielten, bis die Natur ihren Lauf nahm und sich selbst überlassen blieb.

Ich fuhr bei Nacht, von New Jersey kommend, über den sich in die Höhe schwingenden General Pulaski Skyway und tauchte in den Verkehrsstrom Manhattans ein.

Wir fuhren auf unbefestigten Wegen durch die Painted Desert, um zwei junge Indianerinnen, die wir aufgelesen hatten, zu ihrem Treffpunkt zu bringen, und fanden uns an einer Weggabelung in *the middle of nowhere* wieder.

Unter einem sternklaren Himmel flog ich über den Mittleren Westen, von oben sah die Landschaft aus wie das Liniengewirr auf dem Umschlag dieses Buchs, doch das Bild des Fotografen Jürgen Wiesner, das ihm zugrunde liegt, entstand im Abendlicht des 15. 1. 1998 in der Gemarkung »Zweifelsgewann« an einem zugefrorenen Tümpel in Frankfurt-Höchst.

Ich flog nach Helsinki, um dort in Ruhe E-Mails zu schreiben.

Ich ging von einem mit tropischen Gewächsen verzierten Madrider Bahnhof zum Prado, der sich *en restauro* befand, und kehrte zu einem früheren Anschlusszug zurück.

Ich ging einen Tag lang durch Paris, um einige Ausstellungen zu besuchen, aber entweder waren die Museen überfüllt oder geschlossen oder sie wurden bestreikt.

Ich ging in eisiger Kälte schlaflos durch die leere Innenstadt Chicagos und hörte auf den Gesang der Klimaanlagen.

Ich stand am Abend eines glühend heißen Tages im Death Valley auf offener Straße neben einem hierfür nicht geschaffenen Saab, dessen Kühlwasser kochte.

Ich stand, als der Mähdrescher wieder einmal seinen Geist aufgegeben hatte, im offenen Feld und wartete auf das nächste Staubgewitter.

Ich stand auf dem quadratischen Dorfplatz des Städtchens Nicosia auf Sizilien und dachte mir eine Szene aus, die hier hätte spielen können, als mir eine Taube ihr Frühstück auf die Schulter schiss.

Ich stand auf dem leergeräumten Potsdamer Platz in Berlin inmitten einer Oase im Dickicht der Zivilisation.

Ich stand in Macau vor einer Ansammlung jüngst erbauter Casinos und ebenso vieler, die gerade im Entstehen waren.

Ich stand nachts in strömendem Regen an einer Kreuzung in Hanoi und sah neben vereinzelten SUVs ein Heer motorisierter Zweiräder losbrausen, deren Lenkerinnen und Lenker sämtlich in bunte Capes gehüllt waren.

Ich lag mit einer Lungenentzündung im Bett und quälte mich durch Nietzsches *Also sprach Zarathustra.*

Ich saß im Café Hawelka in Wien und wartete vergebens auf die Inspiration, von der es hieß, andere seien dieser hier teilhaftig geworden.

Ich saß in einem Wiener Kaffeehaus in Amsterdam und versuchte die Realität der Willensfreiheit zu beweisen.

Ich saß jeden Morgen in einem *coffee shop* an der 4th Avenue in Manhattan und las Roland Barthes' *Die Vorbereitung eines Romans.*

Ich saß abwechselnd in einem der drei Bistros an der Pariser Kreuzung, auf die ich von meinem Hotel aus blickte, und schrieb Sätze, die zu nichts führten.

April in Paris heißt eines der Repertoirestücke des Jazzpianisten Thelonious Monk. Eine Soloversion, aufgenommen am 16. April 1957 in New York, vollführt ein wetterwendisches Stocken und Stottern, das in einem fort aufzuhören und von vorn zu beginnen scheint, als wüssten der Spielende und das Gespielte nicht, wie es weitergehen soll.

Mehr Fahrt nimmt Monks Komposition *Bemsha Swing* auf, die durch die Interpretationen von Cecil Taylor und vielen anderen zum Standard wurde. Bei der Erstaufnahme von 1952 spielte Monk, begleitet nur von Bass und Schlagzeug, auf einem verstimmten Klavier, was zu der grotesk verwackelten Darbietung passte, die den Bebop, dem sie noch huldigte, schon über seine Grenzen führte.

Damn If I Know: Mit diesem *take* beginnt das Album *The Way Ahead* von Archie Shepp aus dem Jahr 1968. Die Aufnahme hat technische Mängel. Es kommt einem vor, als wären das Sextett und die Produzenten eben erst versuchsweise zusammengekommen. Die Spieler tasten sich in einen gemeinsamen Klangraum vor, den Shepp, sobald er Form gewinnen will, mit den Ausbrüchen seines Tenorsaxophons sprengt. Nach wenigen Minuten verklingt die Improvisation mit einem hastigen *fade out.* Vielleicht spürte der Tonmeister, dass ein geordneter Abschluss dem Impuls des Stücks – und seinem Titel – nicht entsprochen hätte.

Abschiedsvorlesung

Diese Vorlesung habe ich nie gehalten und wahrscheinlich ist das auch besser so. Ich werde aber so tun, als würde ich sie gerade halten, ohne Vorbereitung, aus dem Stegreif, mit den dazugehörigen Aberrationen, Einschüben, Wiederholungen, Vorgriffen, Rückgriffen, oder als würde ich mir vorstellen, sie zu halten, in schlaflosen Stunden, bei einer langen Autofahrt, bei einem Spaziergang, oder in einer Mischung von all dem, was zwar in der realen Welt kaum möglich ist, in einer fiktiven Vorlesung aber schon, oder ich stelle mir vor, ich träumte, eine Vorlesung zu halten, die in Wirklichkeit weder gehalten worden ist noch gehalten werden wird, es sei denn, es käme eines Tages zu einer Lesung dieser sogenannten Vorlesung, aber eine Lesung ist nun einmal keine Vorlesung. »Was liest du in diesem Semester?«, pflegte mich mein Vater in seinen späten Jahren zu fragen, womit er nicht meinte, welche Bücher ich las, sondern was für eine Vorlesung ich hielt, in seinen Ohren klang das ehrwürdiger, zumal er von früher her an Vorlesungen gewöhnt war, die ordentlich aufgeschrieben waren und mit getragener Stimme vorgelesen wurden. Darauf, verehrte Leserinnen und Leser, werden Sie hier verzichten müssen, obwohl ich so tue, als hätte ich ein Auditorium vor mir, werden Sie nicht in den zweifelhaften Genuss meiner Stimme kommen, worüber ich nicht traurig bin, denn wenn ich mich in Aufzeichnungen reden höre, klingt das für meine Ohren wie das Idiom von Boris Becker, da wir aus derselben Gegend stammen, wofür weder er noch ich etwas kann, doch auch eine bloß geschriebene Rede hat ihren *sound*, auf den zu hören manchmal reizvoller ist, als dem Gedankengang zu folgen, sofern es einen solchen überhaupt gibt. So oder so, Sie werden sich damit abfinden müssen, je für sich Teil eines virtuellen Auditoriums zu sein, das die Vorstellung einer Vorstellung einer Vorlesung vor Augen hat, die außerdem als Abschiedsvorlesung angekündigt ist, wobei Sie noch gar nicht wissen, was für eine Art Abschied das sein sollte.

Im richtigen Leben sind Abschiedsvorlesungen für die, die sie halten, letzte Gelegenheiten, sich einem heimischen Publikum vor dem Eintritt in den Ruhestand noch einmal so in Erinnerung zu bringen, wie sie in Erinnerung behalten werden möchten, mit ihrem Charme oder Scharfsinn, ihrer Akribie oder Nonchalance, ihrer Unerbittlichkeit oder Konzilianz, ihrer Kühnheit oder Redlichkeit, die Protagonisten resümieren die eigene geistige Entwicklung, zeichnen den Pfad ihrer Erleuchtung nach, stellen noch einmal ihr Lebensthema, ihre ursprüngliche Einsicht, ihre große Konfession heraus, geben den zornigen alten Mann oder die von männlichem Gehabe unbeeindruckte Frau, sezieren die Machtverhältnisse innerhalb und außerhalb der Universitäten mit beißender Ironie, bescheiden sich mit einem Virtuosenstück zu einem scheinbar marginalen Problem oder, auch das gab es schon, halten eine Vorlesung über die Vorlesung als akademische Institution – alles Möglichkeiten, noch einmal allen zu zeigen, was man kann oder wenigstens einmal konnte, wenngleich der Anstand gebietet, mit dem eigenen Narzissmus, einer notwendigen, allerdings nicht hinreichenden Produktivkraft aller Forschung, so gut es geht, hinter dem Berg zu halten und den Eindruck zu erwecken, als liege einem am Glanz der eigenen Glorie schon längst nichts mehr und man sehe deren Verblassen mit Gleichmut entgegen. Nichts dergleichen habe ich vor. Ich werde einen Teufel tun, Ihnen ein Resümee meiner Theorien zu bieten, ganz abgesehen davon, dass ich nicht wüsste, wie das zu machen wäre, mir ist nicht bekannt, welcher eine Gedanke mich seit jeher umtreibt, schon die *abstracts* von Aufsätzen oder Vorträgen, die man heute als Obolus für die Ehre, etwas darbieten zu dürfen, entrichten muss, sind mir ein Gräuel, ich werde keinen Nachlass zu Lebzeiten bei Ihnen abladen, wie er heutzutage als geldwerter »Vorlass« in Mode gekommen ist, von meinen Tugenden und Lastern soll nicht die Rede sein, auch wenn nicht auszuschließen ist, dass sich das, wovon nicht die Rede sein soll, erst recht in diese einschleicht, schließlich könnte Ihnen bereits das Wenige, was ich bis hierher gesagt habe, sittenwidrig vorgekommen sein, was nicht weiter schlimm wäre, denn bei einer Abschiedsvorlesung ist allein wegen des Altersdurchschnitts die Gefahr eher gering, mit losen Worten die Jugend zu verderben, wie es seinerzeit Sokrates in Athen nachgesagt wurde, weswegen ich mich bei so einer einmaligen Gelegenheit, wie sie sich mir heute bietet, weder zusammenfassen noch zusammennehmen will.

Doch eine Abschiedsvorlesung ist eine Abschiedsvorlesung, ob ich will oder nicht. Niemand kann mit den Konventionen eines Genres brechen, ohne ihnen zugleich zu unterliegen, den Einflüsterungen eines Formats der Rede ist nicht zu entkommen, auch ein Gesetzesbrecher unterliegt dem Gesetz, das er bricht, auch ein Konvertit verschreibt sich einer Version des Glaubens, von dem er abgefallen ist, auch eine Kontrafaktur ist eine Hommage an die Gattung, die umgestülpt wird, alles das, worüber ich mich soeben mokiert habe, die Selbstfeier, die Leistungs- und Lebensbilanz, die Konfession, die Beichte, die Erinnerung daran, *what made one tick*, wird in dem, was ich von jetzt an sage, unausweichlich mitschwingen, so sehr ich mich bemühe, dem auszuweichen, und das wahrscheinlich umso mehr, je mehr ich mich darum bemühe. Ich kann also gar nicht anders als scheitern, aber vielleicht liegt darin das Gelingen, denn gottlob will ich ja nicht recht haben – nicht einmal damit, den Versuchungen einer Abschiedsvorlesung ein Schnippchen schlagen zu können. In Form einer Vorlesung nehme ich Abschied von der Form einer Vorlesung, indem ich von einem, der Vorlesungen gehalten hat, immer noch hält und gerade dabei ist, sich vorzustellen, eine weitere zu halten – erzähle.

Meine erste Vorlesung war ein komplettes Desaster. Ich hatte mich soeben habilitiert, mit einem Text, den ich im Unterschied zu anderen meiner Sachen heute immer noch mag, es geht zwar die Kunde, man werde im Lauf der Zeit klüger, aber das ist eine Illusion, mit der man sich über das Alter hinwegtröstet, veröffentlicht war das Manuskript noch nicht, also, dachte ich mir, sei ich bestens vorbereitet für so eine Veranstaltung und müsste das, was ich mir ausgedacht hatte, nur noch Woche für Woche in entsprechenden Portionen präsentieren. Da hatte ich den Schock schon hinter mir, den ich erlitten hatte, als ich mein erstes Seminar unterrichtete, ich weiß nicht mehr, welches es war, das ließe sich zwar herausfinden, aber ich ziehe die Nebelschwaden der Erinnerung vor. In der Zeit, als ich das Seminar hielt, ertappte ich mich dabei, ständig Sätze darüber zu äußern, wie es gelaufen, ob ich mit dem Stoff durchgekommen, ob ich vorbereitet sei, Sätze, wie sie jahrelang am Mittagstisch meiner Eltern hin und her gegangen waren. Mit Entsetzen stellte ich fest: Ich war Lehrer geworden. So war das nicht vorgesehen gewesen. Meine Vorstellung von mir war die eines rückhaltlos, didaktische Kompromisse jedweder Art verachtenden Schreibenden, doch jetzt musste ich mir eingestehen, als Hochschullehrer zwar einen Traum meiner Eltern erfüllt, meinen eigenen aber verraten zu haben, noch nicht wissend, dass Träume nur durch den Verrat an ihnen in Erfüllung gehen können. War es schon bedenklich genug, den heimlichen Wünschen der Eltern entsprochen zu haben, worauf man es als junger Mensch nicht anlegen sollte, nahm ich mir vor, wenigstens nicht zu vergessen, was die eigenen immer noch waren, weswegen ich stolz auf jene Abhandlung war, die als Skript meiner Vorlesung herhalten sollte, denn obwohl es sich um eine Qualifikationsschrift handelte, war sie auf eine Weise geschrieben, die nicht den Regeln einer solchen Pflichtübung entsprach. Als ich daran arbeitete, glaubte ich zum ersten Mal zu wissen, was ich tat, wobei der Umstand hilfreich war, dass ich dieses Buch aus reiner Verlegenheit begonnen hatte, da mir klar geworden war, dass ich die Abhandlung über eine ganz andere Sache, die ich in Planung hatte, nicht rechtzeitig würde zustande bringen können. Wie so oft im Leben erwies sich der Umweg als eine Abkürzung, was mich freilich nicht davon abhielt, in den Jahren darauf das liegengelassene Vorhaben trotzdem fertigzustellen, womit ich mich, dieses Mal nur vor mir selbst, gleichsam ein zweites Mal habilitierte, was aber, wie sich herausstellte, noch bevor dieses spätere Buch das Licht der Welt erblickte, gar nicht nötig gewesen wäre, denn nach dem Fall der Berliner Mauer gab es für kurze Zeit einen Überschuss an Dauerstellen an philosophischen Instituten, wie man ja ohnehin nicht glauben soll, dass man eine leidliche Laufbahn dem eigenen Tollsein verdankt, ist es doch vor allem eine von unsichtbarer Hand arrangierte Kette von Zufällen, die es so aussehen lässt, als hätte man es zu etwas gebracht.

So saß ich denn – ich saß, für Assistenten waren Hörsäle nicht vorgesehen, vielleicht war auch das schon ein Handicap, zum Ausgleich war mir ein Blick auf den Bodensee vergönnt, dem in meiner Vorlesung eine Hauptrolle zugedacht war –, ich saß vor einem Publikum von etwa 40 Leuten und las aus dem geringfügig zusammengestrichenen Anfang meines Buchmanuskripts vor, darauf achtend, gelegentlich in die überschaubare Menge zu blicken, die außer zunehmender Unruhe keinerlei Regung zeigte und keinen Anlass sah, sich auf eine Diskussion einzulassen. Nun gut, redete ich mir ein, das Auditorium muss sich eben erst an meine Sprache gewöhnen, doch weder in der zweiten noch in der dritten Woche wurde es besser, die Atmosphäre im Raum blieb nachhaltig stumpf, langsam dämmerte es mir, dass der Fehler bei mir lag, der ich einen Text, der zum Lesen geschaffen war, als Manual einer Vorlesung zu missbrauchen versuchte. Also machte ich mich daran, die Blöcke meiner Sätze so weit zu zertrümmern, dass ich eine halbwegs offene Partitur vor mir hatte, die mir Raum für eine freie Entwicklung meiner

Gedanken lassen sollte, blieb aber an vielen meiner, wie ich fand, unersetzlichen Formulierungen kleben, was meine Darbietung lähmte, obwohl immerhin eine zehn bis zwölf Köpfe zählende Hörerschaft durchhielt, ob es Trägheit oder Mitleid war, was sie bei der Stange bleiben ließ, darüber wollte ich gar nicht nachdenken, wobei man wissen muss, dass Vorlesungen damals nicht in Bescheinigungen irgendeiner Art mündeten, die Zuhörerschaft kam und ging nach Lust und Laune. Das war lange vor dem heute herrschenden Modulwesen, das vorsieht, dass jede Produktionseinheit wie in der industriellen Fertigung mit einem Produkt abzuschließen ist, sei es ein Referat, ein Protokoll, eine Hausarbeit oder sonst etwas Zählbares, schließlich sind Universitäten mittlerweile zu miteinander um sogenannte Alleinstellungsmerkmale konkurrierenden Firmen der Herstellung zertifizierter Berufsqualifikationen mutiert, was in einer Branche wie der Philosophie zwar einigermaßen albern ist, aber nach dem Gleichbehandlungsprinzip überall zu gelten hat, weshalb Vorlesungen jedweder Art auf benotete Klausuren zuzusteuern haben, eine Sportart, die es, als ich studierte, in vielen Fächern überhaupt nicht gab. Die erste Klausur, die ich in meinem Studium geschrieben habe, war eine germanistische Examensklausur, irgendetwas Hochtrabendes über die Komik bei Thomas Bernhard mit erheblicher Überlänge, was dazu führte, dass sich meine ohnehin kaum leserliche Handschrift, je länger der Text wurde, in ein reines Ornament verwandelte, was den Professor (derselbe, der Anna Karenina besser zu kennen glaubte als seine Frau), da ihm der noch lesbare Anfang einigermaßen sinnvoll erschien, in weiser Bequemlichkeit dazu bewog, sie mit »befriedigend« zu bewerten.

Die Lektion dieser Verirrungen ist einfach: Bücher sind Bücher, Vorlesungen sind Vorlesungen, Lesungen Lesungen, Vorträge Vorträge, Artikel Artikel, Essays Essays, Glossen Glossen, Gutachten Gutachten, Klausuren Klausuren usw. Ein Buch als Vorlesung zu traktieren – funktioniert nicht; eine Lesung mit Abschweifungen zu garnieren – funktioniert nicht; einen Artikel als Vortrag zu präsentieren – funktioniert ebenso wenig, auch wenn es allenthalben geschieht; einen Vortrag als Artikel zu publizieren – dito; einen Essay, wenn es denn einer ist, als Aufsatz zu deklarieren, bleibt Etikettenschwindel wie umgekehrt auch; in einer Glosse zu predigen, verbietet sich; in einem Gutachten den eigenen Senf feilzubieten, ebenso; eine Klausur wie ein Prosagedicht zu schreiben, geht zuverlässig schief. Diese und weitere Gattungsdifferenzen zu ignorieren ist töricht, das lauschende oder lesende Publikum, selbst wenn es äußerlich die Contenance bewahrt, winkt innerlich ab. Sie nicht zu ignorieren, heißt aber noch lange nicht, ihren tatsächlichen oder vermeintlichen Gesetzen sklavisch folgen zu müssen, im Gegenteil, es ist alles erlaubt, Gattungen können einander angenähert oder miteinander gekreuzt werden, solange es gelingt, die Adressaten zu etwas mitzunehmen, was vorher nicht absehbar war. Mehr ist nicht verlangt, was so wenig auch wieder nicht ist, wie sich allein daran zeigt, dass es nur selten gelingt, doch wenn es immer gelänge, könnte es gar nicht gelingen. Dass alles, was geht, geht, heißt eben nicht, dass alles geht, selbst wenn es sich um Gedankenspiele oder fiktive Vorlesungen handeln sollte, für die ohnehin andere Regeln gelten, einmal angenommen, es gäbe hier welche. Bei meinen realen Vorlesungen habe ich nach und nach eine Methode entwickelt, mich unter Verwendung zunächst materieller, später digitaler Folien von meiner Fixierung auf vorformulierte Sätze zu befreien. Auch wenn mir ein ansonsten medial höchst versierter Kollege einmal sagte, PowerPoint-Präsentationen kämen für ihn, ganz abgesehen davon, dass da nur Sätze in Tweetlänge zugelassen seien, allein eitelkeitshalber nicht in Frage, denn die Folge sei doch, dass sich die Augen des Publikums nicht auf *ihn*, sondern auf die Projektionsfläche *hinter* ihm richteten – für mich war das ein Weg, mich von dem Trauma meines ersten Fehlversuchs zu befreien, dessen Überwindung meiner Eitelkeit weit mehr entgegen kommt, als 90 Minuten lang ununterbrochen angestarrt zu werden. Ich gewöhnte mich daran, einfach einen Reigen von Zitaten zu dem jeweiligen Thema zu präsentieren, sonst nichts, wodurch ich gezwungen war, alles, was auf den Folien zu lesen stand, in meine eigenen Worte zu übersetzen und durch eigene zu kommentieren, wofür es zunächst noch sparsame, bald aber gar keine Notizen mehr gab. Seit sich das Klausurgebot durchgesetzt hat, verfahre ich notgedrungen liberaler, ein wenig pädagogisches Temperament hat sich dann doch eingestellt (was sich allein daran zeigt, dass ich noch nie einen Punktabzug für unleserliche Handschriften erteilt habe – wenn diese mir begegnen, schließe ich von der Qualität des eben noch Entzifferbaren auf die des nicht mehr Entzifferbaren), ich biete meiner Hörerschaft wieder eigene Merksätze an, aber solche, für deren Stil ich mir einen gewissen Nachlass gewähre, sie sollen ja nicht veröffentlicht werden, wodurch mir das Verfertigen von Vorlesungsvorlagen zur leichthändigsten Art des Schreibens geworden ist. Sobald ich begriffen hatte, was das mir gemäße Verfahren ist, wurde die Vorlesung zu meiner bevorzugten Veranstaltung, weil es dort besser als anderswo möglich ist, mir beim Reden aufzulauern, um mitzubekommen, wann ich nicht weiterweiß, zu schwafeln beginne oder gleich Unsinn von mir gebe (freilich unter Einsatz von Techniken, dies die Hörerschaft möglichst nicht merken zu lassen), oder um, wie es ab und zu geschieht, mich Sätze äußern zu hören, auf die ich zuvor nicht gekommen bin und bei anderer Gelegenheit auch nicht gekommen wäre, mit dem Ergebnis, dass ich, anstatt fertige Sätze *in die* Vorlesung mitzunehmen, brauchbare Sätze *aus der* Vorlesung mit nach Hause bringe.

Die Schattenseite dieser Praxis sind wiederkehrende Albträume, in denen ich mich in merkwürdigen Sälen vor einem Publikum vorfinde, das, wie ich feststellen muss, erwartungsvoll meinen Ausführungen zu Duns Scotus, Beethovens Spätstil oder der Quantenmechanik entgegensieht, wovon ich nur äußerst geringe Kenntnisse habe, und bevor ich gnädigerweise aufwache, schon beginne, mich um Kopf und Kragen zu reden, während das Auditorium scharenweise den Raum verlässt. Fast bedaure ich es, nie wirklich in eine solche Situation geraten zu sein, in der ich mir hätte beweisen können, dass auch ich aus nahezu nichts viel machen kann, so wie Thomas Mann in seinen Josephsromanen, die ich freilich nie gelesen habe, da ich eine Aversion gegen seine Klügeleien habe (außerdem war Mann derjenige Hausheilige meines Vaters, dem ich – im Unterschied zu Goethe und Stifter – die Gefolgschaft versagte), lieber würde ich es halten wie ein Musiker, der in eine ihm fremde Combo einsteigt, was sicher die schwungvollste Art der Abschüttelung meiner Versagensängste wäre. Nach Lage der heutigen technischen Möglichkeiten wird mir wohl nicht mehr passieren, was seinerzeit beinahe dem bedauernswerten Professor Pnin geschehen wäre, der in Nabokovs Roman nicht nur im falschen Zug zu einem Abendvortrag sitzt, sondern dem beim Umsteigen auch noch das Vortragsmanuskript abhanden kommt (das sich schließlich doch wieder einfindet), wenngleich verpasste oder derangierte Züge in meinen Träumen ebenfalls eine Hauptrolle spielen. Denn heute, wenn das Manuskript verlegt oder vergessen worden ist, ist immer noch der Laptop an Bord, von dem aus man vortragen könnte, wenn der sich verabschiedet, bleiben Smartphone und Stick zuhanden, die der Handlungsreisende im Jackett parat hat, und selbst wenn diese entwendet werden sollten, schwebt eine Cloud über dem Haupt des potentiellen Unglücksraben, aus der sich der Vortrag von einem Fremdgerät in letzter Minute herunterladen lässt. Jedenfalls bin ich noch nicht so weit wie der alte Hans-Georg Gadamer, über den die Anekdote zirkuliert, er habe bei einem Besuch einer deutschen Universität auf dem Weg zum Vortragssaal immer wieder suchend um sich geblickt, bis die ihn begleitende Kollegenschaft sich traute, den erlauchten Gast zu fragen, ob sie ihm behilflich sein könne. »Ja«, lautete die Antwort, »worüber spreche ich heute eigentlich?« Er hatte nach einem Aushang mit dem Titel seines in wenigen Minuten beginnenden Vortrags gesucht.

Der Höhepunkt meiner Vortragstätigkeit ereignete sich früh, nur kurze Zeit nach dem Vorlesungsfehlstart, bei einer Tagung zu einer randständigen Disziplin, die, wie einige ihrer Propagandisten es sahen, gerade dabei war, sich zum Leitmedium der Philosophie aufzuschwingen, wozu es zwar nicht kam, aber die Hysterie in dieser Sache hatte dem Veranstalter eine übervolle Kongresshalle beschert, in der ich am letzten Tag, nachdem die üblichen Verdächtigen ihre Entwürfe präsentiert hatten, an die Reihe kam. Ich hatte dem Buch, das ich für meine Vorlesung missbraucht hatte, einige Unterscheidungen entnommen und diese so arrangiert, dass sich ein zügiger, vergleichsweise nüchterner Gang der Dinge ergab, ein wenig Handwerk war mir inzwischen zugewachsen. Mit diesem Text stand ich nun, es war nach der Mittagspause, vor einer ermatteten Menge von knapp 2000 Leuten, die ich kaum sehen konnte, da sich die Saalregie für eine auf das Podium gerichtete Theaterbeleuchtung entschieden hatte, und sagte mir, das bringst du jetzt hinter dich. Während ich sprach, war das Publikum mucksmäuschenstill. Als ich fertig war, gab es donnernden Applaus, in den sich Bravo-Rufe mischten. So kann es weitergehen, dachte ich mir, aber dergleichen passierte nie wieder. Eine Kur gegen die nach diesem Vorfall drohende Hybris wurde mir bald darauf zuteil, als ich auf Einladung des *Royal Institute of Philosophy*, mich überaus geehrt fühlend, nach London reiste, um den Eröffnungsvortrag einer der deutschen Philosophie gewidmeten Vorlesungsreihe zu halten. Ich hatte einen gelehrten, aber doch nicht zu gelehrten Vortrag im Gepäck (einen der besten, den ich je gehalten habe), warf mich, eingeschüchtert durch den Titel der gastgebenden Institution, gehörig in Schale, dunkler Anzug, leuchtende Krawatte (eine der an den Fingern einer Hand abzählbaren Gelegenheiten, bei denen ich so ein Utensil getragen habe), und kam in das verstaubte Büro des für die Organisation zuständigen, ebenso verstaubt wirkenden Professors, der mich, nach einigen halbherzigen Versuchen, etwas Smalltalk zuwege zu bringen, vorsorglich darauf hinwies, das Semester an der mitveranstaltenden London University habe leider noch nicht begonnen, weswegen mit allzu viel Publikum möglicherweise nicht zu rechnen sei. So war es dann auch. Ich stand in einem riesigen, ebenso geschichtsträchtigen wie düsteren Raum vor 15 Leuten, unter denen, wie mir hinterher zugeraunt wurde, mindestens zwei Taxifahrer waren, die die Angewohnheit hatten, ihren Arbeitstag mit exotischen Oratorien ausklingen zu lassen, sagte meinen Text auf, während ich jede Hoffnung auf irgendeine Reaktion fahren ließ, die, abgesehen von einem kurzen Geplänkel über Schopenhauer mit dem einzigen sonst noch anwesenden Kollegen, zuverlässig ausblieb. Als es überstanden war, machten sich die beiden Kollegen wegen dringender Amtsgeschäfte sogleich aus dem Staub. So stand ich in meinem lächerlichen Aufzug auf der Straße und fragte mich, was das denn gewesen sei. In dem nächstbesten Pub, in das ich mich begab, mir wie ein Banker auf Abwegen vorkommend, erinnerte ich mich nach einigen Bieren an die Roman-Pentalogie von John Updike, deren auf den Spitznamen Rabbit hörende Hauptfigur Harry Angstrom auf der High School ein gefeierter Basketballstar gewesen war und nun für den Rest seines Lebens dem Hochgefühl jener Jahre nachtrauert, wie es weit berühmteren Sportlern im realen Leben auch ergangen ist, und beschloss, so nicht enden zu wollen, sondern es mit der in der Gorbatschow-Ära als Sinatra-Doktrin bekannt gewordenen Maxime zu halten, seinen Staat oder wenigstens das eigene Leben so einzurichten, dass man sich rückblickend wird sagen können, »I did it my way«. Zurück in meinem behaglichen Hotel, das den winzigen Nachteil hatte, an der lautesten Straße zu liegen, über der ich je übernachtet habe, wurde mir allerdings klar, dass die Zeile bei Sinatra eine optimistische, um nicht zu sagen verblendete Variante des Refrains »T'ain't nobody's bizness if I do« in dem gleichnamigen Blues darstellt, der dem Applaus der Welt abschwört und der Hoffnung auf eine ansehnliche Lebensbilanz gleich mit, was mir half, mein Selbstmitleid leichten Herzens zu verabschieden, schließlich ist der Blues dazu da, denselben zu vertreiben, und nahm mir vor, während ich den Klängen des Verkehrsflusses lauschte, es zu nehmen, wie es war.

Bevor es zu all dem kam, habe ich mich vorwiegend der Zeitverschwendung hingegeben und dabei wider Wissen und Willen einige der besten Zeiten meines Lebens verbracht. Mein Freund und ich lasen schon in der Schulzeit alles, was wir an neuerer und neuester Literatur in die Hände bekamen, wir begannen unseren Buchbestand zu zählen, als ich bei 1000 war, ließ ich es sein (Videokassetten, DVDs und CDs zu zählen, habe ich später gar nicht erst angefangen), wir gingen wie die Blöden ins Kino, drehten vier Spielfilme im Super-8-Format, die ersten beiden waren vom jungen Fassbinder inspirierte Noir-Parodien, bei den späteren ging es nur noch darum, wie viel geschieht, wenn nichts weiter passiert, mangels entsprechendem Equipment gab es keine Dialoge, dafür eine elaborierte Musikmontage auf der Tonspur, ein älterer Freund hatte mich in die Welt des Jazz eingeführt, weiß der Himmel, wo diese Machwerke heute sind. Zugleich war es unter uns ausgemacht, dass wir bald mit Romanen hervortreten würden, wozu es jedoch nie kam, allein wenn ich mir Namen für fiktive Charaktere auszudenken versuchte, überfiel mich eine unüberwindliche Lähmung, die damals aufkommende Betroffenheitsliteratur, mit der ich dieses Problem hätte umgehen können, entsprach meinen literarischen Standards nicht, außerdem kam mir mein Leben viel zu ereignislos vor, obwohl ich hätte wissen können, dass ein von innen oder außen ereignisarm erscheinendes Leben genauso ereignisreich ist wie jedes andere auch. Geschichten zu erfinden war mir erst nach der Geburt meines Sohns gegeben, was bald mit seiner Mithilfe geschah, bevor er vollends die Führung übernahm, unaufhörlich entstanden fiktive Universen, bevölkert von Wesen, die alle einen Namen hatten, und was für welche, doch der Drang, diese Phantasien aufzuschreiben, stellte sich niemals ein, jedenfalls nicht bei mir. Stattdessen verlegte ich mich, für einen Germanistikstudenten kaum überraschend, auf das Schreiben von Gedichten, aber sie reichten nie an die meiner Vorbilder heran, weswegen ich auch das sein ließ, obwohl ich gestehen muss, dass ich drei oder fünf von ihnen als blinde Passagiere, in Prosaform verkleidet, in ein späteres Buch eingeschmuggelt habe (und eins auch in dieses). Während bei meinem Schulfreund irgendwann die Krimi-Abteilung seiner Bibliothek rapide zu wachsen begann, was ihn auf die Spur seiner späteren Berufe brachte, wovon er noch nichts ahnen konnte, schrieb ich mit einem Studienfreund an einer Pataphysik des Fußballspiels, inspiriert von der offen absurden Wissenschaftslehre Alfred Jarrys (und seines Protagonisten Dr. Faustroll), der zufolge sich die Pataphysik zur Metaphysik verhält wie diese zur Physik. Das Buch hätte zur Weltmeisterschaft 1982 erscheinen und ein Bestseller werden sollen, wir schickten ein Exposé an den Suhrkamp Verlag, der sich nicht meldete, und so verlief auch das im Sand. Unsere Tage waren einfach zu lang, als dass sie mit ernstzunehmenden Beschäftigungen hätten ausgefüllt werden können, was in meinem Fall noch immer der Fall ist, aber vermutlich nicht nur in meinem, sondern in allen Gesellschaften, in denen sich das meiste um das Erwerbsleben dreht, nur dass jetzt viele der nicht ernstzunehmenden Beschäftigungen diejenigen sind, die als die vor allem ernstzunehmenden gelten, wogegen alles Jammern nicht hilft, da es ohnehin kaum Tätigkeiten gibt, die nicht öde werden, sobald sie überhand nehmen. Begonnen hatte diese herrliche, wenn auch für alle Beteiligten verstörende Zeit mit einem rituellen Herumstehen der Avantgarde meiner Schule in dem verqualmten Stehcafé des *Tchibo* in Speyer, mit Blick auf die entlang der Hauptstraße flanierenden Paare und Passanten, die breite, auf den Dom hinführende Straße war damals noch nicht in eine der austauschbaren Fußgängerzonen verwandelt worden, eine Stadtverschönerung, der ich in meiner Zeit als ortsansässiger Jungsozialist vergebens vorzubeugen versuchte. Von diesem *view point* aus entdeckte ich eines Tages einen lässig vorbeischlendernden Typ mit umgehängtem Jackett und den Händen in den Hosentaschen, samt Beatles-Frisur und getönter Brille sah er aus wie Peter Handke, vermutlich ein modebewusster Angestellter in seiner Mittagspause, für mich aber war diese Gestalt, wann immer sie vorbeikam, eine Erscheinung wie aus einer anderen Sphäre, mit der ich gern in Berührung gekommen wäre. Ein paar Jahre später stand ich in der Pariser Metro und wartete auf meinen Zug, als ich auf dem gegenüberliegenden Bahnsteig eine Figur in kontemplativer Pose ausmachte, die ich für den echten Handke hielt. Da wusste ich noch immer nicht, was ich wollte, außer dass ich schreiben wollte.

Das Problem dabei war, dass ich nichts zu sagen hatte. Der Nachteil beim Schreiben, anders als beim Musikmachen oder bei Spielarten abstrakter Malerei, für beides hatte ich keinerlei Talent, ist ja, dass man, mit der Ausnahme reiner Lautgedichte, nicht umhin kann, über etwas zu schreiben oder von etwas zu erzählen, einfach weil die Worte der jeweiligen Sprache, ob man will oder nicht, sich ständig auf dies und das beziehen, selbst dann, wenn aus ihnen Texte werden sollen, die weder auf Mitteilungen noch auf Bekenntnisse oder Beweisführungen aus sind. Ich aber fand, dass ich nicht einmal etwas mitzuteilen hatte; ich hatte weder eine Botschaft noch eine Mission. Die Lösung – für mich war es eine Notlösung – bestand darin, Bücher von Autoren zu lesen, die etwas zu sagen gehabt hatten, was man auch anders und vielleicht sogar besser sagen konnte. Schließlich ist philosophisches Schreiben nichts anderes als eine Übersetzungsarbeit, bei der alte Fragen in neue Antworten und neue Antworten in alte Fragen überführt werden, was zwangsläufig eine Verschiebung der Akzente mit sich bringt, hat man es doch stets mit Sprachen unterschiedlichen Alters, unterschiedlicher Herkunft, unterschiedlichen Stils und unterschiedlicher Genres zu tun, weswegen es sich gar nicht sagen lässt, was dort gedacht und gesagt worden ist, ohne eine Sprache zu finden und manchmal zu erfinden, in der die Schätze der dortigen Sätze gehoben, entstaubt, präpariert und in neuer Gestalt präsentiert werden können. Wenn es nicht einfach eine Kombination aus Trägheit, Feigheit, Schüchternheit und Bestechlichkeit durch regelmäßige Einkünfte war, die mich bei der Stange einer – immerhin – zweitbesten Wahl hielt, was, wie ich fürchte, durchaus ein Faktor war, muss es die Verlockung gewesen sein, sich auch in der

Domäne der Philosophie zu einer Arbeit an der Sprache verpflichten zu können, einschließlich der Lizenz, mit ihr zu spielen. Wie Odysseus in der Sirenenepisode hatte ich mich an den Mast der Akademie binden lassen, um den Gesängen der Literatur, die mich ins Verderben gestürzt hätten, zu widerstehen und sie doch im Ohr zu behalten, in der vagen Hoffnung, eines fernen Tages nicht nur mit dem Begriff über den Begriff, wie ich bei Adorno gelesen hatte, sondern mit der Philosophie über die Philosophie hinaus zu gelangen.

Derart auf eine schiefe Bahn geraten, lebte ich eine Weile in New York, wo ich fast nichts anderes tat, als mich in der Stadt umzutun, schrieb aber nebenher, es sind nicht die schlechtesten Sachen, die sich nebenher ergeben, einen kleinen Text über das Verhältnis von Philosophie und Literatur, irgendwo muss der noch sein, eine Serie von Fragmenten, mit der ich mich zu überreden versuchte, dass es eine Möglichkeit gibt, die beiden Gattungen so miteinander ins Gehege zu bringen, dass man nicht länger weiß und gar nicht länger wissen will, mit welcher man es eigentlich zu tun hat. Dies geschah unter Hinzuziehung der einen oder anderen Flasche *Wild Turkey*, einem Bourbon, den uns am Beginn meines Studiums ein überraschend aufgetauchter amerikanischer Gastdozent empfohlen hatte, als es zur Abwechslung um Lebensart ging, solche Intermezzi gab es in den anderen Seminaren nicht, sie waren hier aber auch nötig, denn der Zugereiste gab einen für uns, die wir bei Hegel und Marx zuhause zu sein glaubten, vollkommen exotischen Kurs über die Namenstheorie von Bertrand Russell, wir kannten Russell nur als einen immerhin ehrenwerten politischen Aktivisten. Auch wenn ich später herausfand, dass bessere Vertreter sowohl amerikanischen Whiskeys als auch der analytischen Philosophie zu finden sind, greife ich aus nostalgischen Gründen manchmal auf dieses vergleichsweise günstige Elixier zurück. Was ich im Rausch dieser ein wenig süßlichen Droge schrieb, war eine Art Programmschrift oder, in einer Terminologie gesagt, die mir damals noch unbekannt war, ein Projektantrag zu einem Buch wie diesem hier, der allerdings nicht an eine übergeordnete Instanz gerichtet war und keinerlei Ersuchen um Drittmittel enthielt, sondern auf dem kurzen Dienstweg direkt an mich selbst, was dazu führte, dass die Bewilligung zwar umgehend erfolgte, die Durchführung aber mehr als 30 Jahre in Anspruch nahm. Veröffentlicht habe ich diesen Quelltext nie, aber zehn Jahre später eine weit längere, fußnotenbewehrte Fassung hergestellt, zu deren Pointen gehörte, dass es echten Schriftstellern nicht darum geht, recht haben zu wollen, was, da es etliche Philosophen gibt, unter ihnen Platon, Augustinus, Montaigne, Rousseau, Marx, Nietzsche und Wittgenstein, die selbst zu dieser Spezies gehören, die Frage aufwarf, wie das Verhältnis dieser wunderlichen, einander in Hassliebe zugetanen Nachbarskinder Philosophie und Literatur zu verstehen sei. Diese Studie, die mir wichtiger als alle anderen war, brachte ich – als Originalbeitrag – in einem Sammelband mit kleineren Arbeiten unter und platzierte sie dort genau in der Mitte, in der irrigen Annahme, dass dies der Laufkundschaft und erst recht den Rezensenten auffallen müsste, ich weiß jedoch nur zwei Menschen, die davon Kenntnis genommen haben, einen in Leipzig und einen in Bielefeld, der eine bot mir sogar eine Stelle an, auf der ich das Schreiben hätte lehren sollen, doch mir fehlte der Glaube an die Lehrbarkeit dieses Lasters.

Aber es liegt mir fern zu klagen. »Man klagt allgemein«, pflegte meine Großmutter zu sagen, wenn man sie nach ihrem Befinden fragte, und sobald man sich in den unheiligen Hallen der Akademien umhört, in denen viele der Insassen auch nicht mehr die allerjüngsten sind, erweist sich das als nur allzu wahr, wobei es sich jedoch in Wahrheit gar nicht um Klagen handelt, sondern um einen mit Leidensmiene kaschierten Jubel darüber, dass man trotz aller Flops, Missgunst und sonstiger Scherereien immer noch oder immer wieder gefragt ist. Gefragt, erst recht berühmt oder wenigstens berüchtigt zu sein ist schließlich in keinem Gewerbe das reine Vergnügen. Schon als ich Theorien nur las und noch keine machte, empfand ich Mitleid mit den von mir zugleich beneideten Autoren, die einen großen Wurf gelandet hatten und nun den Rest ihrer Tage damit verbringen mussten, ihren sogenannten Ansatz immer wieder zu verteidigen, sei es durch Differenzierung, sei es durch Abschwächung, sei es durch Radikalisierung, sei es durch den Nachweis, dass der Schlüssel ihres ursprünglichen Gedankens auch in alle anderen, bis dahin nicht geknackten Schlösser passte, wobei sie weder vermeiden konnten noch wollten, immer wieder dieselben Sätze zu schreiben, wie Autoren erfolgreicher Krimiserien, die einer Leserschaft, die immer mehr vom Gleichen verlangt, ihr Personal stets von neuem vorstellen müssen, damit auch die Seiteneinsteiger den Durchblick behalten. Ausnahmen gab es zwar auch, in Gestalt von Entfesselungskünstlern, denen es gegeben war, sich immer wieder neu zu erfinden, aber viele, die es zu einer gewissen Bekanntheit gebracht hatten, ließen sich in einen Kreislauf der ewigen Wiederkehr des nahezu Gleichen zwingen, den sie für einen Ausweis wissenschaftlicher Redlichkeit hielten. »Anwendungen« heißen in Krankenhäusern und Reha-Zentren die Zufügungen, die einem verabreicht werden, damit man sich wiederhergestellt fühlt, mehr oder weniger grausame Therapien, die sich oft nicht umgehen lassen, aber warum, fragte ich mich, sollte man sich selbst derlei verschreiben und auch noch antun, indem man die eigene Theorieware in immer neuen Arrangements feilbietet, um den Preis, sich selbst dabei langweilen zu müssen, wie es jedenfalls mir geschah, als ich dabei war, mich in eine solche Lage zu manövrieren. Aus meinen Studienzeiten kannte ich eine Agentin, die mich, als mein damaliger Verlag in einen unübersichtlichen Zustand geriet (was, wie sich später herausstellte, nicht das letzte Mal gewesen sein sollte), an ein anderes Haus vermittelte, woraufhin ich im Büro eines von mir wegen seiner literarischen Produktion geschätzten Verlegers landete, dem ich vorschlug, aus ein paar Texten, die ich mehr oder weniger schon hatte, einen kleinen Band zu machen. Das aber wollte er nicht, sondern riet mir, ein richtiges Buch zu verfassen, das meine Ansichten über die fraglichen Dinge einmal ausführlich darlegen sollte, und geschmeichelt, wie ich war, einer Respektsperson gegenüber zu sitzen, die sich eine Monografie von mir wünschte, akzeptierte ich, es sollte das einzige Mal bleiben, dass ich mich auf eine Auftragsarbeit einließ, die aber, wie ich zugeben muss, mein erfolgreichstes Buch geworden ist, obwohl ich beim Schreiben unter Anfällen von Langeweile litt, da ich ja schon wusste oder zu wissen glaubte, was meine Ansichten waren. Zu solchem Masochismus war ich später nicht mehr bereit, doch es dauerte noch einmal zehn Jahre, bis ich anfing, etwas Längeres zu schreiben, bei dem ich von Anfang an dem Lustprinzip folgte.

So groß aber war die Gefahr, in lähmende Routinen zu verfallen, auch wieder nicht, da mich beim Schreiben häufig der Eindruck beschlich, auf einem Ritt über den Bodensee unterwegs zu sein, eine Überdosis Fachliteraturlektüre hatte ich mir nicht vorzuwerfen, eine Überdosis Feuilletonlektüre schon eher, weshalb ich mich oft im Verdacht hatte, mit allzu viel Leichtsinn, Übermut, Ignoranz und Arroganz ans Werk zu gehen, worin andererseits der Vorteil lag, dass es mir nichts ausmachte, wenn Feuilletonisten mich einen Feuilletonisten schimpften, wie es gelegentlich vorkam, im Gegenteil, ich fühlte mich jedes Mal geehrt. Zudem fand ich heraus, dass es Kunstgriffe gibt, mit denen man der Selbstanödung entgegenwirken kann, etwa den, kein Hauptwerk zu schreiben, und schon gar kein Hauptwerk schreiben zu *wollen*, was ja nur schiefgehen kann, oder aber, sollte es wider Willen geschehen, schleunigst die Pferde zu wechseln und in eine andere Richtung aufzubrechen. Die wirksamste Therapie aber lag, so ging mir auf, und das war nun keine Notlösung mehr, schlicht darin, jedem Buch (und möglichst jedem Text, aber auch mit Therapien sollte man es bekanntlich nicht übertreiben) eine andere, eigene und, warum nicht, eigenartige Form zu geben, wie es meinem Naturell zu entsprechen scheint, der ich es nicht einmal übers Herz bringe, eine formlose E-Mail zu schreiben. (»Setzen Sie ein formloses Schreiben auf«, sagt die Behörde, aber selbst dieses hat eine Form). Ein Formproblem findet sich immer, außerdem liegt es in der Natur solcher Probleme, nie nur auf eine Art gelöst werden zu können, und wenn dabei, als *by-products*, Gedanken entstehen, die es wert sind, bedacht und vielleicht sogar unterschrieben zu werden, sei's drum, auch gut, umso besser. Der Slogan *form follows function* ist selbst in der Architektur eine Lebenslüge, mit der die Tatsache verdrängt wird, dass die Form eines Bauwerks seiner Funktion eine Interpretation verleiht, die seine Atmosphäre und Nutzung bis in die letzte Faser hinein prägt. Auch wenn die Umkehrung dieser Maxime in der Baukunst, außer in Grenzfällen, nicht möglich sein dürfte, in anderen Bereichen ist es das schon, weswegen *function follows form* zu meiner Maxime wurde, wie es nicht anders sein kann, wenn sich das zu Schreibende im Schreiben überhaupt erst einstellen soll.

Aber ich greife vor, denn noch war es nicht so weit. Weiterhin, so kam es mir vor, durchquerte ich die Landschaften meiner Exkursionen mit angezogener Handbremse. Ich spürte zwei Seelen in meiner Brust, eine, die ungehemmt denken, und eine, die ungehemmt schreiben wollte, doch keines dieser beiden Begehren, das auf Theorien und das auf einen Abschied von ihnen versessene, vermochte ich loszuwerden, woraufhin sich das Verlangen einstellte, sie miteinander zu versöhnen. Das war die nächste Verblendung. Versöhnung ist nicht, war nicht, wird nicht – und muss auch gar nicht sein. Ein berühmter Philosoph riet seinen Hörerinnen und Hörern im letzten Satz einer Vorlesungsreihe über die Liebe, sofern sie nicht fähig seien, sich aus vollem Herzen mit ihren wichtigsten Bestrebungen zu identifizieren, sollten sie »wenigstens« ihren Humor behalten. Das wird ihm zwar einen Lacher eingebracht haben, war aber ebenso schlecht gedacht wie gesagt, weil Leute, die alle ihre Wünsche in »Selbstliebe« vereinigt hätten, im Unterschied zu denen, die das nicht zustande bringen, Humor gar nicht länger aufbringen müssten – und, schlimmer noch, gar nicht länger aufbringen könnten, was Zweifel daran erlaubt, ob ein Leben, das es nicht zum Gipfel des Mitsicheinsseins bringt oder gar nicht erst bringen will, wirklich nur die zweitbeste Wahl ist, vor allem, wenn es sich herausstellt, dass die zweit- oder drittbesten Wahlen häufig die allerbesten sind, sofern zwischen einander widerstreitenden Optionen überhaupt gewählt werden muss, da das einzig Wahre sowieso nur in der Bierwerbung existiert, weswegen ich zu dem Schluss kam, dass die Lösung meines Problems überhaupt nicht in einer Lösung bestand. Keine Theorie ist manchmal die bessere Theorie. Der Film *Paterson* von Jim Jarmusch führt eine ganze Reihe von Figuren vor, die nicht nur das sind, was sie zu sein glauben oder zu sein scheinen. Paterson, die Hauptfigur, versteht sich als Busfahrer und ist zugleich Dichter; Laura, seine Frau, versteht sich als Künstlerin und ist eine begnadete Bäckerin; Doc, der Barkeeper, ist ein Meister im Schach; Donny, der Manager des Bus-Depots, ist eine Nervensäge und doch ein fürsorglicher *pater familias*; der namenlose japanische Tourist ist ebenso sehr Dichter wie Therapeut. Diese und weitere *double identities* werden durch das Motiv wiederholt durch den Film geisternder Zwillinge grundiert (auch das junge Paar fände es schön, Zwillinge zu haben). Es ist nicht klar, in welchem Maß den Figuren klar ist, dass sie nicht sind, was sie zu sein glauben, oder nicht zu sein glauben, was sie sind. Ohne ein Wort darüber zu verlieren, stellt der Film die Frage, ob nicht in der Frage, wer man eigentlich sei und wozu in aller Welt man eigentlich da sei, ein Irrglauben liegt, ein Sichverfehlen, ein Ausweichen vor den eigenen Möglichkeiten, das diese geradewegs verstellt, wie es bei jedem Lebensweg geschieht, den die, die sich ihm verschrieben haben, für den Königsweg halten. Wenn ich also nicht von meinem nicht vorgezeichneten Weg abkommen wollte, wenn ich keinen Verrat an mir selbst und folglich die für mich richtige Art des Selbstverrats begehen wollte, musste und konnte ich gar nicht anders, als, rückblickend – im Licht dieses Films – gesehen, früher oder später darauf zu kommen, dass es keinerlei Anlass gab, irgend etwas, schon gar nicht mich selbst, zu widerrufen, ich musste mich nicht entweder an der Philosophie oder am Schreiben versündigen, ich musste weder vom Saulus zum Paulus noch vom Paulus zum Saulus werden, ich konnte recht haben wollen und nicht recht haben wollen, wie es mir passt.

Der *locus classicus* einer Untersuchung solcher Zerrissenheiten ist die Novelle *Strange Case of Dr. Jekyll and Mr. Hyde* von Robert Louis Stevenson, sie wurde unzählige Male verfilmt, diente dem einen oder anderen Musical als Vorlage und hat in dem Stück *Dr. Jekyll* auf dem Album *Milestones* eine Vertonung durch das Sextett von Miles Davis gefunden, in der es zu einem mit irrwitziger Geschwindigkeit geführten Streitgespräch zwischen den Saxophonen Cannonball Adderleys und John Coltranes kommt. Dr. Jekyll ist ein wohlbeleumdeter Londoner Arzt, der es müde ist, ständig mit den düsteren Seiten seiner selbst zu ringen. Des Wechselspiels von Gier und Güte überdrüssig, erfindet er eine Droge, die es ihm erlaubt, die beiden Seelen in seiner Brust säuberlich voneinander zu trennen; Ego und Alter Ego sollen sich nicht länger in die

Quere kommen. Nimmt er das Elixier, verwandelt er sich in sein Alter Ego, den sadistischen und, wie sich herausstellt, mordlustigen Mr. Hyde, nimmt er sie erneut, ist er wieder der umgängliche Arzt (in Jarmuschs Film wird dieses Gespann von einem brav tuenden, aber bösartigen Hund namens Marvin verkörpert). Doch die Bereinigung des *clair-obscur* im eigenen Selbstverhältnis schlägt fehl; was Linderung versprach, führt geradewegs ins Verderben. Das Unheil nimmt seinen Lauf, als Dr. Jekyll die Kontrolle über seine Verwandlungen verliert und schließlich in der hässlichen Gestalt des Mr. Hyde ein qualvolles Ende findet. Ein besseres Modell für das Studium meines eigenen, wenn auch für den Rest der Menschheit vergleichsweise ungefährlichen Falls gibt es nicht. Dr. Jekyll macht Theorien – Mr. Hyde pfeift auf sie; Dr. Jekyll hat Grundsätze – Mr. Hyde gehen sie gegen den Strich; Dr. Jekyll will recht haben – Mr. Hyde will es nicht; Dr. Jekyll liebt Fußnoten – Mr. Hyde verabscheut sie; Dr. Jekyll ist moderat – Mr. Hyde radikal; Dr. Jekyll ergeht sich in Distinktionen – Mr. Hyde wirft sie über den Haufen; zu Dr. Jekylls Heiligen gehört einer wie Kant – zu Mr. Hydes einer wie Nietzsche; Dr. Jekyll legt Wert auf seine Reputation – Mr. Hyde ist diese egal; »Ehre, wem Ehre gebührt«, ist Dr. Jekylls Wahlspruch – Mr. Hydes Credo lautet: »Ist der Ruf erst ruiniert, so schreibt es sich ganz ungeniert«. Doch je länger die beiden zusammenleben, desto mehr geraten die Frontlinien zwischen ihnen durcheinander. Eine mit Neid vermischte Eifersucht bricht unter ihnen aus, jeder begehrt das Begehren des anderen, Hyde möchte endlich einmal moderat, Jekyll endlich einmal radikal sein dürfen, Hyde beginnt Kant zu lesen, Jekyll Nietzsche, Hyde macht Fußnoten, Jekyll lässt sie weg, Hyde beginnt nach den Preisen zu schielen, die Jekyll nicht bekommt, Jekyll nach der Fanpost, mit der Hyde überschüttet wird, Jekyll findet Geschmack an der Rolle von Hyde, Hyde muss den Jekyll geben, allein um beider Einkommen zu sichern, die Früchte aus dem Garten des anderen erscheinen jedem süßer als die aus dem eigenen, weshalb sie immer häufiger in Streit darüber geraten, wer wer sein und wer wann auf welchem Gebiet wildern darf. Längst haben sie die Kontrolle über ihren Zwist verloren, sie müssen erkennen, dass die Schwächen des einen die Stärken des anderen und die Stärken des anderen die Schwächen des einen sind, dass ihr jeweiliges Vermögen nur die Kehrseite ihres jeweiligen Unvermögens ist, insgeheim beginnt jeder für sich mit dem Gedanken zu spielen, mit dem anderen zusammen eine Garagenfirma zu gründen, die in der Lage wäre, Produkte zu liefern, die von den Großunternehmen der Theoriebranche nicht für markttauglich gehalten werden, auch wenn beide damit rechnen müssen, dass jeder von ihnen, sobald es dazu käme, sofort wieder beginnen würde, von einer Solokarriere zu träumen. Am Ende müssen sie sich eingestehen, was allen Außenstehenden klar ist: Jede Wahrheit über Hyde ist eine Wahrheit über Jekyll, jede Wahrheit über Jekyll ist eine Wahrheit über Hyde.

Damit endet meine kleine Novelle, falls es überhaupt eine war und falls sie überhaupt schon zu Ende ist, sofern es nicht erneut eine Serie von Gedankenspielen war, diese haben zwar auch ihr Ende, aber nur, um jederzeit von vorn beginnen zu können, doch keine Sorge, ich werde Ihre Geduld nicht über Gebühr strapazieren. Sie haben mir jetzt schon über eine Stunde lang zugehört, dankenswerterweise befinden wir uns nicht in Skandinavien, wo es üblich ist, selbst bei Vorlesungen eine Kaffeepause einzulegen, wer weiß, ob ich je wieder die Gelegenheit habe, in Fußballspiellänge zu einem so zahlreichen Publikum zu sprechen, eine Nachspielzeit, ganz zu schweigen von einer Verlängerung, jedoch wird es nicht geben, ich bin jetzt, oder war soeben, als ich »jetzt« gesagt habe, bei 46617 Anschlägen inklusive Leerzeichen, 90 Minuten sind bei meiner Sprechgeschwindigkeit 60000 Anschläge, das bekomme ich locker hin. Meine Sorge ist eine ganz andere. Ich hatte Sie, vor allem aber mich selbst, ja schon vorgewarnt, dass es mit meiner Verabschiedung der Form einer Abschiedsvorlesung so eine Sache sein werde, handelt es sich doch um ein Vorhaben, das, selbst wenn es gelingen sollte, nur scheitern kann, aber noch während ich diese Abschiedsvorstellung gebe, auch wenn es in Wahrheit nur die Vorstellung einer solchen Vorstellung ist, der ich mich hingebe, muss ich befürchten, dass es so aussieht, als bewege sie sich, ganz abgesehen von der Selbstbeweihräucherung, die nicht ausbleiben konnte, auf ein völliges Scheitern zu, da ich nun doch bei einer unverblümten Konfession angekommen bin, der nämlich, nicht entweder Jekyll oder Hyde sein zu wollen, also weder den einen noch den anderen verabschieden zu können und folglich gar keinen Abschied, sondern einen Abschied vom Abschied vollzogen zu haben. Schlimmer noch, auch das kann Ihnen nicht entgangen sein, habe ich zu predigen angefangen, als ich sagte, es sei nicht nur in meinem Fall, sondern auch in Ihrem und in dem aller anderen verfehlt, zu sehr mit sich im Reinen sein zu wollen, womit diese Vorlesung, einmal angenommen, es wäre eine, in einen Abschied zweiter Stufe mündet, nämlich in einen Abschied vom Abschied vom Rechthabenwollen und damit in einen Abschied von dem Nichtrechthabenwollen, das ich in dieser sogenannten Vorlesung und in dem Buch, in dem sie steht, propagiert zu haben scheine. Aber ich habe gar nichts propagiert, jedenfalls war das nicht meine Absicht, eher wollte ich das Propagieren verabschieden, ein Propagieren, das sich in ein Entweder-oder verrennt und in ihm verbrennt, ein Auftrumpfen, das unbedingt radikal sein möchte, wo doch das Moderate das Allerradikalste ist, weil es seine höchste Tugend in einem Sichunterbrechenkönnen beweist, jetzt läuft es also doch auf eine Tugendlehre hinaus, sei's drum, einfach weitermachen, den Schwung mitnehmen, die Bremse lösen, sich nicht aufs Rechthabenwollen, sich nicht aufs Nichtrechthabenwollen versteifen, beidem ist ohnehin nur temporär zu entkommen, aber dieses Nichtentkommenkönnen nicht als blindes Schicksal begreifen, was es nicht ist, solange man es versteht, dem Willen zur Macht entweder des einen oder des anderen, des Rechthabenwollens wie des Nichtrechthabenwollens, ein ums andere Mal zu widerstehen. Das ist der Abschied, auf den ich hinauswollte, als ich die hier noch einmal versammelten Wortungetüme aufeinander losgelassen habe, nicht um die eine Partei über die andere gewinnen zu lassen, sondern um ihnen beiden die Einwilligung abzuringen, trotz ihres Widerstreits nicht voneinander loskommen zu wollen, weil ihnen aufgegangen ist, dass es für sie nur dort ein Entkommen gibt, wo es für sie kein Entkommen mehr gibt. Hier und heute, auf diesen Seiten, wurde nicht die Philosophie verabschiedet, hier und heute, auf diesen Seiten, wurde nicht die Literatur verabschiedet, hier und heute wird, wenn überhaupt etwas, Konversionsverweigerung propagiert, wenigstens hier und heute, auf diesen Seiten, wird das von

Marktschreiern feilgebotene Gerümpel an Scheuklappen, Raumteilern, Abschottungsmauern, Grenzkontrollsystemen, Impactmessgeräten und anderen Überwachungsanlagen aus den Tempeln des Schreibens und Denkens entfernt und mit ihm alle die Hierarchien, die nur dazu errichtet worden sind, die Unbotmäßigkeit des Denkens und Schreibens gleich welcher Art in Schranken zu weisen.

Doch bekanntlich sind Selbstanalysen, zumal wenn sie in Form von Geständnissen daherkommen, mit der allergrößten Vorsicht zu genießen, erst recht, wenn sie von einer Ich-Figur vorgebracht werden, über deren Status Unklarheit herrscht. Konfessionen sind mal kleine, mal große Gattungen der Rede, deren Adressaten nicht bloß die anderen, sondern stets die Gestehenden selbst sind, denn wer jemandem etwas gestehen will, muss es sich erst einmal eingestanden haben, wodurch das Ablegen von Geständnissen zu einem vertrackten Unterfangen wird, da Konfessionen allen Beteiligten einen Anlass geben, darüber nachzusinnen, wie es bei denen, die gestehen, und bei denen, denen gestanden wird (denn auch die Letzteren werden schon einmal gestanden haben und werden es wieder tun müssen) – wie es bei uns allen, sobald wir etwas von uns preisgeben oder so tun, als offenbarten wir uns, mit Dichtung und Wahrheit steht. Lassen Sie mich darum, wo ich schon dabei bin, bevor ich mich verabschiede, gleich noch ein weiteres Geständnis machen, das Sie jetzt nicht mehr überraschen kann. Ich bin längst wieder so weit, recht haben zu wollen, und war es eigentlich immer, selbst als ich das hier geschrieben habe, weil ich es weder lassen konnte noch wollte – und auch nicht will. Meine

Tage sind heute wie damals immer noch zu lang, um sie mit tatsächlich oder vermeintlich Seriösem auszufüllen, wenn auch auf umgekehrte Weise als früher, als ich noch gar nicht wusste, was ich mit mir anfangen sollte und deshalb alles Mögliche anfing, nur um davon wieder abzulassen. Alles Mögliche zu treiben und nahezu permanenten Versuchungen der Ablenkung zu unterliegen, ist mir durch meinen Beruf längst vorgeschrieben, weswegen ich heute, da ich endlich zu wissen glaube, was ich mit mir anfangen sollte, auch wenn sich das als Einbildung herausstellen könnte, anderen Gefahren der Verzettelung ausgesetzt bin, soweit es mir nicht gelingt, diese in Teilzeit zum Prinzip meines Schreibens zu machen. Doch je öfter, je mehr und je länger ich mich im Schreiben gehenlasse, desto größer wird die Verlockung, die Zügel oder das Steuer wieder in die Hand zu nehmen und auf die Straßen des Arguments einzubiegen, es müssen ja nicht gleich die vielbefahrenen Autobahnen sein, die in den Staumeldungen im Radio besungen werden. Das Rechthabenwollen im Schreiben und Reden mit seiner Ausschilderung von Gründen und Gegengründen ist, wie nicht vergessen werden sollte, ein schwerbeladener Tanker mit einem langen Bremsweg, der in Bewegung bleibt, auch wenn ihm keine Energie mehr zugeführt wird, auch kann dieser Tanker jederzeit wieder Fahrt aufnehmen, und warum sollte er es nicht, schließlich enthält er eine aus Lektüren und anderen Erfahrungen angehäufte Ladung, deren Container und Paletten in den Häfen der etablierteren Genres gewinnbringend umgesetzt werden können. Ich kann, was ich Ihnen zum Schluss noch mitgeben will, nicht bündiger sagen als mit den Worten Arnold Schwarzeneggers in der Gestalt des Terminators und einiger anderer von ihm gespielter Figuren: »I'll be back« – in der Rolle von Jekyll, in der Rolle von Hyde oder in beiden zugleich. »Ist es eine Komödie? Ist es eine Tragödie?« lautet der Titel einer Erzählung von Thomas Bernhard in dem allerersten Buch, das ich von ihm besaß, mein übel zugerichtetes Exemplar stammt aus dem Jahr 1970, wer will schon entscheiden, was gar nicht zu entscheiden ist, wer will schon, wenn es darum geht, sich loszuwerden und sich wiederzugewinnen, sich neu zu erfinden und sich treu zu bleiben, sich nicht unterkriegen zu lassen und ein wenig Oberwasser zu bekommen – wer will schon wissen, wie es ausgeht oder, wie die Österreicher sagen, wie es *sich* ausgeht mit dem, worum es ihr oder ihm geht. Deswegen sind Abschiede das Übelste nicht, jedenfalls solange man die Möglichkeit eines Abschieds vom Abschied im Auge behält, schließlich gibt es Abschiede und Abschiede: solche für immer, solche für eine Weile, solche auf Abruf. Die letzteren sind auch im sonstigen Leben die beschwingtesten, »auf Wiedersehen« heißt es dann, oder in der Terminologie der Beatles, *Hello, Goodbye*, man verabschiedet sich, man verabschiedet andere, man verabschiedet etwas, um früher oder später darauf zurückkommen zu können. In diesem Sinn möchte ich mich, mit Dank für Ihre Geduld, für heute verabschieden, jedoch nicht, ohne Sie daran zu erinnern, dass ich Ihnen in diesem Buch von Anfang an, und mehr als nur einmal, versprochen habe, Ihnen nichts zu versprechen.

Dank an Thomas Assheuer, Eva Backhaus, Karin Bovisi, Angela Keppler, Astrid Kneier, Christoph Menke, Alexander Roesler, Jochen Schuff, Ben Seel und Tom Wörtche.

Martin Seel

Theorien

256 Seiten. Gebunden

Philosophische Theorien gelten als schwer zugängliche, abstrakte Gedankengebäude. Martin Seel zeigt, dass es auch anders geht: In geschliffenen Sätzen, Beobachtungssplittern, Aphorismen, Denkbildern und kurzen Erzählungen lässt er die großen Themen der Philosophie im Kleinen aufscheinen. In der literarischen Tradition von Lichtenberg, Nietzsche, Wittgenstein, Benjamin oder Adorno macht er Ernst mit der These, dass Theorien Anschauungen sind.

»Ein faszinierendes Lektüreerlebnis [...]
Tatsächlich ist ›Theorien‹ ein ausgefuchstes Buch, in dem einzelne Motivstränge sich beinahe unhörbar zu Leitthemen entwickeln.«
Frankfurter Allgemeine Zeitung